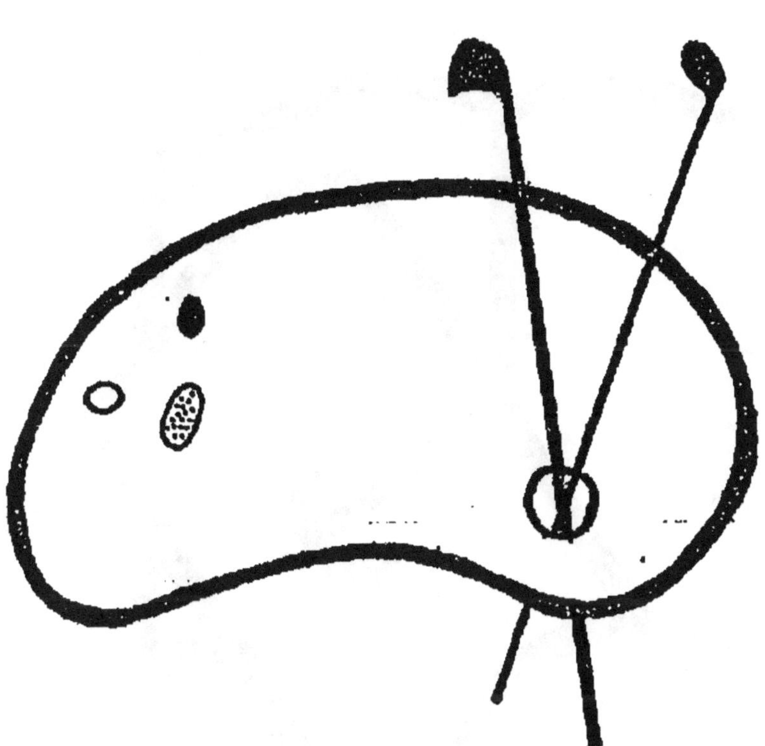

DEBUT D'UNE SERIE DE DOCUMENTS
EN COULEUR

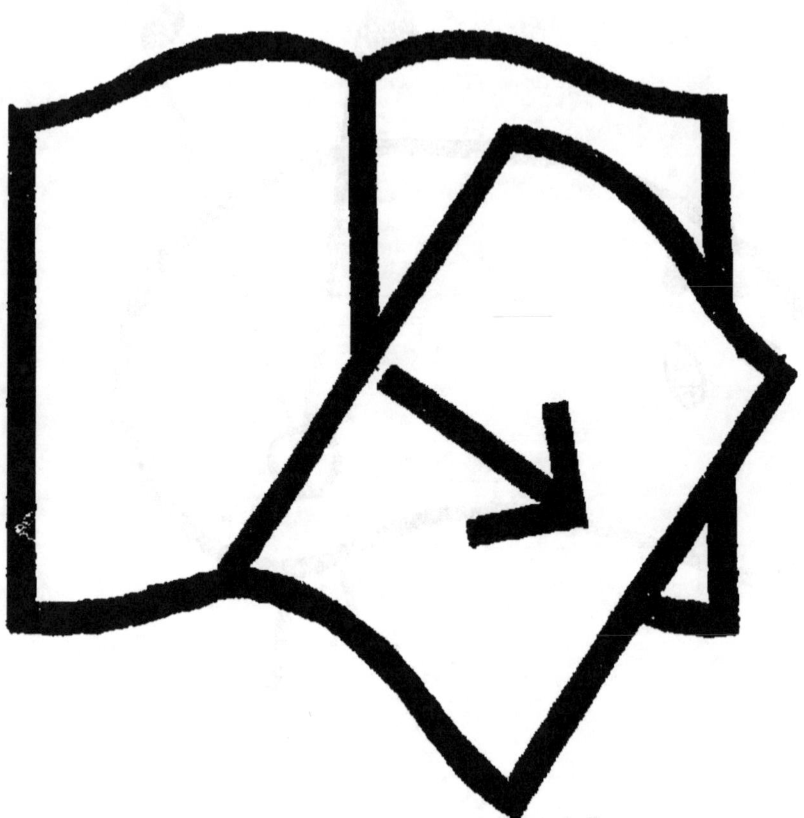

Couverture inférieure manquante

LA QUESTION AMÉRICAINE.

DE

L'ABOLITION DE L'ESCLAVAGE AUX ÉTATS-UNIS,

PAR L. ADAM,

MAGISTRAT.

Heredum veteris malefacti, crimen avitum
Sanguine ne luitor! Justo scelus ære pietur.

NANCY,

CHEZ TOUS LES LIBRAIRES.

1861.

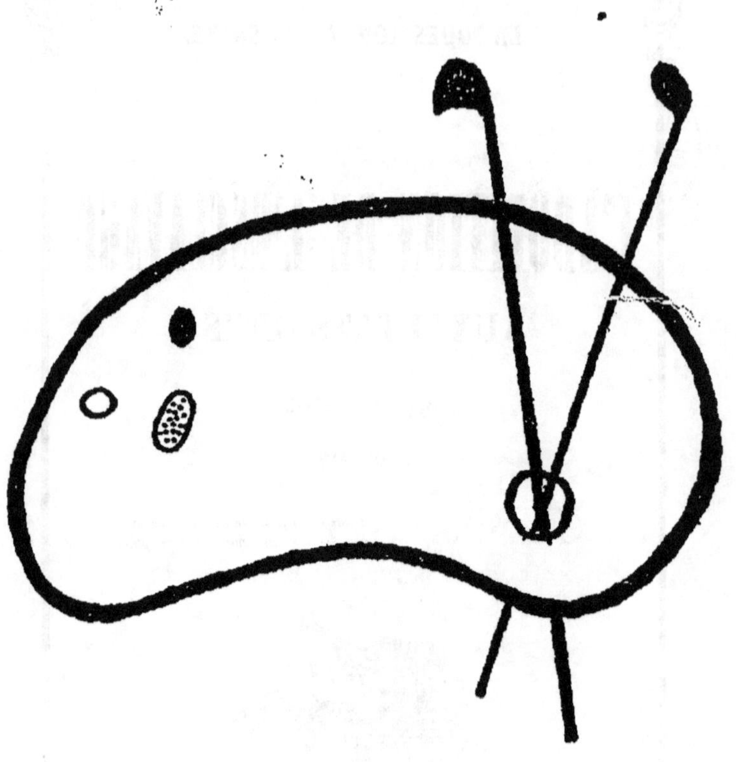

FIN D'UNE SERIE DE DOCUMENTS
EN COULEUR

LA QUESTION AMÉRICAINE.

DE

L'ABOLITION DE L'ESCLAVAGE

AUX ÉTATS-UNIS,

PAR L. ADAM,

MAGISTRAT.

Heredum veteris malefacti, crimen avituur
Sanguine ne luitor! Justo scelus œre pietur.

NANCY,

CHEZ TOUS LES LIBRAIRES.

1861.

NANCY. — IMP. DE VAGNER, RUE DU MANÉGE, 5.

Quelques obstacles ayant retardé d'une couple de mois l'impression de cette brochure, l'écrit pourra sembler un peu en retard sur les événements. Mais tout l'essentiel y reste vrai, et de bien légers changements suffiraient pour rendre à notre texte le petit mérite de l'actualité absolue.

A quoi bon s'en donner la peine ? D'après la rapidité du mouvement qui entraîne aujourd'hui le monde, si l'on voulait minutieusement tenir à l'exactitude du moment, aucune publication de volumes politiques ne serait possible.

Les deux meilleurs livres qui aient récemment paru en France sur la question de l'esclavage (celui de M. de Gasparin et celui de M. Cochin) ne sont point exempts eux-mêmes du reproche de date dépassée. Or, qui s'aperçoit de la chose? au moins en tant qu'elle lui paraisse produire un inconvénient? Personne. Le lecteur fait, par instinct, comme les bons déchiffreurs de musique : *il transpose.*

Combien ne nous auraient-ils pas prêté aide, ces deux excellents ouvrages, en nous fournissant de quoi développer et fortifier notre argumentation ! Par malheur, ils ne sont tombés que trop tard sous nos yeux : l'un au moment où nous venions d'écrire nos dernières pages, et l'autre lorsqu'elles étaient déjà même aux mains des imprimeurs.

Du reste, et malgré la vive contrariété, par nous

ressentie, de n'avoir pu en temps utile profiter d'un tel secours, c'est peut-être un bien, à tout prendre, que des labeurs si magistraux ne soient venus exercer sur notre esprit aucune influence pendant que nous tenions la plume. Le Mémoire que l'on va lire en sera demeuré plus *nôtre*. Témoignage spontanément rendu, il aura mieux gardé les caractères d'un travail libre et de premier jet.

Quoi qu'il en soit, ce tribut de nos réflexions propres n'était point superflu ; il y aurait eu de notre part, ce nous semble, égoïsme à nous dispenser de le payer. Quand des réalités sont controversées, quiconque a pu en juger *de visu* n'est-il pas moralement obligé d'apporter aux tribunaux compétents les renseignements qu'il possède ? Si nous ne sommes en position d'ajouter aux matériaux du grand procès qu'un très-modeste contingent, du moins le peu que nous avons cru devoir dire repose sur des bases certaines. Les faits actuels, qui sont ici nos principaux points de départ, ce n'est pas d'après autrui que nous en parlons. Deux voyages volontaires en Amérique, deux temps suffisants de séjour, nous avaient permis de *voir* et de *bien voir*.

L. A.

15 Septembre 1861.

LA QUESTION AMÉRICAINE.

DE
L'ABOLITION DE L'ESCLAVAGE
AUX ÉTATS-UNIS.

« Quels que soient les efforts des Américains du Sud pour conserver l'esclavage, ils n'y réussiront pas toujours. L'esclavage, resserré sur un seul point du globe, attaqué par le Christianisme comme injuste, par l'économie politique comme funeste; l'esclavage, au milieu de la liberté démocratique et des lumières de notre âge, n'est point une institution qui puisse durer. »

(A. de Tocqueville. — *De la démocratie en Amérique.*)

I.

On n'ignorait pas, en Europe, qu'il y eût des esclaves sur le sol de la république des Etats-Unis; mais la Constitution fédérale semblait ne pas reconnaître ouvertement la servitude; et chez nous, par suite du langage des défenseurs du progrès égalitaire, les Américains du Sud passaient pour gémir d'avoir reçu de leurs ancêtres une si déplorable institution; ils étaient réputés en condamner à l'envi les effets.

Cependant, depuis une trentaine d'années, cette version méritait de moins en moins créance. En effet, le nombre des esclaves, loin de diminuer, augmentait, dans des proportions inattendues; et à mesure, le Sud s'enhardissait dans la triste voie où Calhoun l'avait entraîné, en osant affirmer, sous les voûtes du Capitole, que la servitude est le lot de la race nègre, et le travail servile la base nécessaire de toute société véritablement républicaine.

A ces déclarations, qui se reproduisaient à chaque session, se joignaient des actes sur la portée desquels on ne pouvait plus se méprendre. Décidément l'esclavagisme ne se contentait plus de la tolérance; il aspirait à devenir l'état légal, il tendait à déborder sur les Etats libres. Législature, Sénat, Cour suprême, secrétaireries d'Etat, Présidence même; tout cédait sous l'irrésistible pression du parti qui avait usurpé le titre de *démocrate*, parti dont le triomphe était consacré par le choix des hommes les moins dignes. L'atmosphère se chargeait de doctrines hideuses, d'exemples funestes, de complicités, de votes scandaleux, d'apostasies, de prévarications; et ces vapeurs malsaines se résolvaient en orages, dont la violence était telle qu'ils retentissaient jusque de ce côté-ci de l'Océan. Pendant que les ennemis du gouvernement populaire se réjouissaient de ces scandales, exploités par eux au profit de leurs rancunes, les amis de la liberté se demandaient avec inquiétude s'il leur serait infligé d'assister, dans un avenir prochain, à la ruine de l'édifice dont l'illustre auteur de la *Démocratie en Amérique* leur avait fait connaître la simple et majestueuse ordonnance. Bien que cette catastrophe, même réalisée, ne dût pas engloutir toutes leurs espérances, cependant, du moment où la grande république paraissait sombrer sous voiles dans les eaux de la servitude, il s'élevait contre la liberté cette accusation redoutable, qu'à n'en plus douter, le progrès de l'égalité était entravé et suspendu par le libre développement de l'individualisme humain. Déjà les contempteurs de la société anglaise s'étaient ingéniés à discréditer la liberté comme étant aristocratique de son essence : que serait-ce donc, lors que l'événement les autoriserait à la dénoncer comme ayant servi au maintien et à la progression de la servitude? N'était-ce pas à dégoûter de toute aspiration libérale une démocratie européenne peu instruite, que déjà sa tendance originelle porte à étendre l'action des Gouvernements au préjudice des droits de l'individu! Cette appréhension du parti que l'on ne manquerait pas de tirer de la catastrophe que faisaient présager les violences du Sud, eut pour effet d'attirer enfin sur l'esclavage l'attention universelle.

L'Abolitionisme avait, dans la ville de Boston, un centre d'action; il comptait aussi de fervents adeptes dans tous les comtés de la nouvelle Angleterre; mais le public américain n'avait longtemps répondu que faiblement à ces sortes d'appels. C'est que les intérêts du Nord étaient liés à ceux du Sud, et que l'abolition de l'esclavage se présentait comme une question grosse de sacrifices, auxquels la majorité cherchait d'instinct à se soustraire. Il fallait, pour vaincre cette résistance, quelque chose de plus puissant que la froide raison.

Ce fut l'œuvre d'une femme; d'une femme dont le nom demeurera attaché au grand mouvement des esprits et des cœurs, qui a préparé et amené l'élection de M. Lincoln. Quelques années se sont passées; la première émotion s'est tempérée et a perdu ce qu'elle pouvait avoir de romanesque; ni l'Amérique du Nord, ni l'Europe ne sont plus sous le charme de ce plaidoyer qui remua tant de consciences. Mais l'immense succès qu'eût le livre, est là pour attester que Mme Beecher Stowe avait trouvé, dans son cœur d'honnête femme et de chrétienne, le secret de cette force qui vient d'en haut et qui est souveraine. À la protestation sortie ainsi des entrailles du républicanisme américain, les hommes dévoués à la cause du vrai et du juste comprirent que la liberté allait se dégager des étreintes de la servitude, et que le Nord ne reculerait pas, au besoin, devant le sacrifice momentané de l'Union, si l'on mettait à ce prix le rachat de ses condescendances et la sauvegarde de son honneur.

Tandis que l'Europe applaudissait à ce *réveil de la conscience dans le sein d'un grand peuple*, une sourde irritation se répandait dans les Etats esclavagistes. Il faut avoir vécu à cette époque dans quelques-uns de ces Etats, pour apprécier l'influence qu'exerça, sur les dispositions du peuple du Sud, la vigoureuse démonstration faite par Mme Beecher Stowe. Attaqués dans leur honneur en même temps que dans la source de leurs richesses, les planteurs pressentirent que leurs adversaires n'en resteraient pas là, et qu'un jour ils rassembleraient toutes leurs forces pour en finir avec le principe de la servitude, au moyen d'actes souverains du Congrès. De cette prévision, quoique rien de formel ne l'appuyât encore, datent les entreprises qui furent faites, sous les deux dernières Présidences, pour former, à tout prix, une majorité esclavagiste. Rappel du compromis du Missouri, tentatives diplomatiques sur Cuba, expéditions de flibustiers dans l'Amérique centrale, guerre civile au Kansas; tout fut mis en œuvre par le parti nommé DÉMOCRATE, et non sans la connivence mal déguisée de l'Administration. En revanche, un second coup fût bientôt porté à leur influence par la candidature du colonel Frémont.

Free press, free banck, free land, Fremont, and victory !

telle était l'acclamation qui, dans les campagnes du Nord et de l'Ouest, accueillait la bannière du parti nommé *républicain*. Cette seconde démonstration eût été couronnée de succès, si le puissant Etat de Pensylvanie n'avait pas décidé l'élection en faveur de M. Buchanan, qui allait être le dernier président esclavagiste. Cette fois, le Sud annonça hautement qu'il déchirerait le pacte fédéral le jour où les Etats libres réussiraient à faire triompher une candidature libérale, ou, comme on disait, républicaine. Ce point est capital; car, s'il est vrai que la cause de la liberté peut passer pour avoir pris l'initiative, ou, si l'on veut, l'offensive, il importe qu'on ne puisse douter qu'elle ne l'a prise qu'à bon droit, et dans des circonstances impérieuses.

Non pas que les abolitionistes européens ne se méprennent lorsqu'ils s'écrient que, depuis nombre d'années, tandis que la politique du Sud était une trame serrée d'usurpations et de défis, celle du Nord était un tissu de complaisances, pour ne pas dire de lâches concessions. — Il en a été ainsi, c'est vrai, jusqu'à la publication de la *Case de l'oncle Tom ;* mais depuis cette époque, la vérité est qu'un souffle d'émancipation s'était levé dans le Nord, et que le Sud, voyant les nuages s'amonceler, a pris le parti de se jeter corps et biens au-devant des tempêtes futures.

Quand le noble martyr de Harper's Ferry eut été condamné à périr sur un gibet pour la rédemption des Africains, les pharisiens *at-laws* justifièrent sa mort en montrant qu'il avait violé les lois protectrices de l'oppression ; mais, le jour où on le mena au supplice en présence des troupes virginiennes, les cloches chrétiennes sonnèrent son glas funèbre dans toutes les villes des Etats libres ; et là, le canon, qui retentit aujourd'hui si terrible dans les plaines de la Virginie, appuya de sa voix triste et prophétique les pieux témoignages de la douleur des citoyens (1). Or, de si grands honneurs rendus à la mémoire d'un abolitioniste étaient le coup suprême, d'autant que le sang venait de rougir la terre américaine. Au fond, la guerre civile était commencée; et c'était le Nord qui avait donné le signal, par le bras de celui dont il se proclamait solennellement le complice. Lors donc qu'après l'élection de M. Lincoln, la Caroline du Sud a levé l'étendard de la rébellion, elle avait raison de déclarer en péril le système de la servitude. Elle violait, sans aucun doute, la Constitution; mais qu'était-ce donc que ces bills par lesquels la plupart des

(1) Pendant que le Sud se donnait satisfaction par la pendaison de Brown, les villes du Nord tiraient, de cinq minutes en cinq minutes, le canon de deuil : protestation qui était déjà, à la bien prendre, le canon d'alarme.

législatures du Nord avaient rapporté l'acte du Congrès, dit des *esclaves fugitifs*, sinon des nullifications, c'est-à-dire des attentats flagrants contre le pacte fédéral? C'est donc bien au Nord que revient l'honneur d'avoir provoqué cette scission, qui a eu pour premier effet de circonscrire l'esclavage, et, après l'avoir isolé et comme *resserré sur un seul point*, de le contraindre à se montrer au grand jour; — quand cela? — au moment même où il s'éteignait en Turquie, et où vingt millions de serfs étaient émancipés dans les Etats du Czar. Ainsi, tandis que la liberté commence à poindre aux confins de la vieille Asie, l'odieux principe de la servitude apparaît dans la libre Amérique, dépouillé du manteau dont jusqu'ici la démocratie l'avait couvert.

C'était donc, dans une juste prévision de l'avenir et avec un profond sentiment de la logique des événements humains, que Tocqueville écrivait en 1833 les lignes que j'ai prises pour épigraphe.

II.

Tandis que je tiens la plume, les tambours battent en tête des colonnes *fédérales*, qui pénètrent dans la Virginie orientale pour y livrer bataille aux *confédérés* (1), dont les avant-postes ont été délogés de ces hauteurs

(1) *Fédéraux* et *confédérés*, ces deux mots, si voisins par leur étymologie, déroutent les oreilles européennes et engendrent pour nous la confusion. Mais il faut savoir que le premier, conservé qu'il est par le gouvernement de Washington, signifie les citoyens restés fidèles à l'Union, et que le second désigne les partisans de cette sécession (séparation) dont la Caroline du Sud a donné le signal.

de Harper's Ferry où sont tombés les compagnons du capitaine Brown. Quelle sera l'issue de cette guerre, dans laquelle les deux sections de la république paraissent se précipiter avec une ardeur égale ?

Une issue funeste à la cause de la liberté, serait que les meneurs des rebelles se soumissent à restaurer l'Union, et que le Congrès, satisfait d'avoir obtenu cet avantage, consentît à remettre les choses en l'état où elles étaient la veille de la rébellion. Ce compromis ne satisferait ni l'extrême Nord, qui sent que le moment est venu de purger l'Amérique de la servitude, ni le Sud *ultrà*, qui ne veut plus de l'Union à aucun prix ; mais la chose serait du goût de tout ce tiers-parti dont le sentiment intime est qu'il ne faut point laisser diviser le faisceau américain. On doit donc s'attendre à ce qu'il s'établisse de New-York à la Nouvelle-Orléans un courant de patriotisme assez puissant pour absorber, le cas échéant, les volontés belliqueuses. La formation de ce courant est d'autant plus à appréhender, que les intérêts sont lésés de part et d'autre par l'état de guerre, et qu'à un moment donné, l'Europe interviendra pour sauvegarder ceux de son industrie. Le sens économique venant à se combiner avec le sentiment patriotique, il y a lieu de craindre que tout sacrifice à l'Union n'apparaisse comme légitime, et que par le fait, l'esclavage ne reçoive une consécration nouvelle. Or, si l'événement répondait à cette prévision et que l'on pactisât ainsi, la liberté américaine serait déshonorée, et sans aucun profit. Quelque habileté, en effet, qu'on y pût mettre, le compromis ne tiendrait pas.

On appréhenderait des deux côtés, je le veux bien,

une seconde scission ; mais quand même le Nord se résignerait à ne plus faire acte d'abolitionisme, le Sud serait entraîné, par les nécessités de son organisation antisociale, à reprendre bientôt les errements de la politique qu'il a suivie dans ces dernières années. On ne fait pas *comme on le veut* la part de l'esclavage ; en d'autres termes, l'esclavage ne peut se maintenir qu'autant qu'il s'accroît et se répand. De son côté, la liberté est contagieuse. Les Etats libres seront donc toujours, pour le Sud, une menace ; de même, l'esclavage sera toujours un dissolvant pour la démocratie du Nord. Entre la liberté et la servitude, il n'y a pas de milieu, au moins pas de milieu durable ; et toute la science de Hégel ne suffirait pas à construire la synthèse qui est l'objet des recherches du parti *unioniste*.

Mais rien, dans les faits, n'indique encore que cette hypothèse d'un compromis doive nécessairement se réaliser. Il se peut en effet que les hasards de la guerre déjouent les calculs du patriotisme (1) et que la scission soit irrémédiable. Dans ce cas, la guerre se terminerait par la reconnaissance du fait accompli : au Nord, la liberté ; au Sud, l'esclavage. Cette solution, qui est encore aujourd'hui la plus probable, sauvegarderait l'honneur de la liberté, en même temps qu'elle serait favorable à la cause de l'affranchissement. Le voisinage d'une république libre donnerait en effet aux esclaves la perspective d'évasions heureuses ; il n'en faudrait pas davantage pour que les Etats-frontières prissent l'initiative de l'émancipation. La servitude serait ainsi refoulée

(1) Le guet-apens de Baltimore a suffi pour décider le Nord à souhaiter et à entreprendre une guerre à outrance.

vers le Golfe, et la république servile verrait ses ressources décroître, au point que son existence serait bientôt compromise.

Mais il faut, pour que ce résultat se produise, que la république du Nord ne soit composée que d'Etats libres; car du moment où, entre ceux-ci et les Etats confédérés, il y aurait une zône protégée contre la liberté, les propriétaires du Sud ne redouteraient plus de voir leurs esclaves prendre la fuite. A ce point de vue, la sécession de la Virginie est un événement dont les amis de la liberté doivent se réjouir. Je n'en dirai pas autant de l'attitude prise par le Gouvernement fédéral vis-à-vis des Etats qui ont proclamé leur neutralité. Dès lors qu'un Etat refuse le passage aux forces fédérales, il se met hors la loi ; et on doit le considérer comme rebelle, bien qu'il ne pactise pas encore avec les Etats confédérés. C'est ainsi qu'on a traité le Maryland : pourquoi ne pas en user de même avec le Kentucky et le Tenessee? On allègue que leur neutralité assure les derrières de l'armée qui opère dans la Virginie ; mais cette même neutralité garantit les Etats du Sud-Ouest, qui se sont emparés des clés de la vallée du Mississipi. De tels ménagements pour la rébellion latente des neutres, me font craindre que le Gouvernement n'ait résolu de reconnaître la confédération du Sud, à la simple condition que les Etats intermédiaires demeureront dans l'Union. Rien ne serait plus avantageux que cela pour le Sud, qui gagnerait, à son isolement, d'avoir contre la liberté un rempart à peu près infranchissable.

De l'hypothèse dans laquelle le Nord soumettrait le Sud par les armes, je ne dirai rien, sinon que l'Union ne saurait être rétablie qu'autant que les Etats qui l'ont rompue se reprendraient eux-mêmes à vouloir en faire partie. La Constitution américaine est de celles qui ne peuvent se maintenir que par l'accord libre et constant des volontés.

A quelque solution que l'on s'arrête, on ne peut faire que l'avenir ne soit pas rempli d'obscurités, lorsque la guerre civile éclate chez une nation qui n'a point été assujétie à la forte discipline que les dangers extérieurs ont imposés aux nations de l'Europe. L'habitude d'agir par soi-même, l'esprit d'entreprise, la rapidité avec laquelle la pensée se traduit en résolution et celle-ci en acte, la confiance en ses propres forces, le mépris du péril; en un mot, ce qui constitue le *go-ahead* qui est le nerf de la prospérité des Américains; tout cela peut devenir pour la République autant de causes de déchirements formidables.

Si encore la scission s'était produite dans le sens de l'Est à l'Ouest, et qu'elle eût été amenée par des différends de pur intérêt ou de suprématie; la conformité d'esprit des belligérants me rassurerait. Mais c'est entre le Nord et le Sud que la guerre a éclaté; or, à la longue, ces deux sections sont devenues étrangères l'une à l'autre. C'est bien toujours la même race; mais la liberté et l'esclavage en ont fait deux peuples, qui, aujourd'hui, sont divisés sur les questions les plus essentielles; et cet antagonisme est tel, que toutes les difficultés de l'un ne viennent que du fait de l'autre. De là, une irritation, qui, après avoir été intermittente, a passé de part et d'autre à l'état chronique.

Quand j'ai voulu me rendre compte des sentiments

que les habitants des deux sections nourrissaient les uns contre les autres, il m'a paru que les Américains du Nord professaient, à l'endroit des *Southerners* (1), une antipathie de la nature de celle que les premiers chrétiens éprouvaient pour les idolâtres, tandis que les Américains du Sud regardaient ceux du Nord du même œil dont les paysans de l'Alsace regardent les communautés juives qui vivent au milieu d'eux ou dans leur voisinage. Il y aurait donc, du côté des hommes du Nord, un sentiment de leur supériorité morale, poussé jusqu'au mépris, — et du côté de ceux du Sud, un sentiment de jalousie allant jusqu'à la haine. — Dans de pareilles conditions, la guerre civile est tout aussi redoutable qu'une guerre de religion ou de race.

Qu'est-ce donc, lorsqu'à ces chances funestes vient s'ajouter celle de l'intervention des esclaves dans la lutte? Jusqu'ici l'*ordre* a continué de régner sur les plantations; mais qui oserait se porter fort que la pensée d'une révolte n'ait pas déjà circulé dans ces masses, dont les profondeurs sont impénétrables à l'œil du maître? Je sais tout ce qu'inspire d'orgueilleuse sécurité aux fiers *gentlemen* du Sud le mépris qu'ils ont pour leurs nègres; cependant, si abrutis que soient les esclaves, je ne crois pas qu'il ne leur reste rien de l'homme, ni surtout que l'on ait réussi à leur faire considérer l'abolition de l'esclavage comme un piège tendu à leur bonheur. J'ai bien entendu des Nègres tenir ce langage, mais c'était aux oreilles des Blancs, auxquels ils vou-

(1) Les gens du *South* (du Sud), les Méridionaux.

laient plaire en les prenant par ce qu'ils savaient être leur faible. A moi, qui les avais autorisés à penser que je plaignais leur infortune, ils disaient tout autre chose ; et quand, au mépris des lois de l'Etat de Louisiane, je prononçais par hasard devant eux le mot de liberté, j'affirme qu'ils n'accueillaient pas cette parole avec l'indifférence que leur prêtent les romanciers de l'esclavage.

Quelque abêtissement et quelque dégradation morale que les prescriptions du *Code Noir* aient pu produire, il sera difficile de faire comprendre aux ateliers dans le voisinage desquels retentira le bruit de la guerre, que ceux qui font travailler à coups de fouet, n'ont pris les armes que dans l'intérêt des pauvres esclaves, *menacés de l'affranchissement* par les barbares du Nord. Je conseille à celui qui se ferait illusion à cet égard, d'étudier de près la révolution qui a fait justice du pseudo-empereur Faustin Ier. Il verra combien les Nègres sont habiles dans l'art de dissimuler leurs sentiments ; et aussi avec quelle finesse ils savent discerner le vrai du faux, une fois que leur attention est éveillée et qu'ils se sont mis sur leurs gardes.

Depuis que la guerre a éclaté, je me suis demandé souvent si elle était entrée dans les prévisions des meneurs, au moment où ceux-ci livraient aux souillures de la populace les couleurs de l'Union. Il m'a paru, après réflexion, que le Sud avait compté sur la complicité du capital américain, et que son audace à précipiter les événements s'expliquait par un calcul dans les éléments duquel on avait négligé d'introduire l'effet que produirait au Nord le guet-apens dont les volontaires du Massachussets devaient être victimes, aux abords de la gare de Baltimore. Déçus dans leur espérance que la séparation amiable serait acceptée en vue de la paix et du coton, les Southerners se sont dit que le président Lincoln ne voudrait pas assumer sur sa tête la responsabilité d'une guerre servile, en jetant les aventuriers de l'Abolitionisme dans les défilés des Alléghanis. C'est forts de cette assurance qu'ils se sont résignés à la lutte; mais il est aisé de voir, qu'à mesure que les troupes fédérales pénètrent dans l'intérieur de la Virginie, l'inquiétude gagne de proche en proche jusqu'aux Etats du Golfe. Il se répand, en effet, que déjà plusieurs centaines d'esclaves ont abandonné leurs ateliers, sans qu'aucun appel leur ait été adressé par les généraux du Nord. Ces désertions donnent à penser aux propriétaires, qui s'efforçaient de croire que les Nègres sont *conservateurs*. Dieu veuille qu'elles n'encouragent pas dans leurs desseins les fanatiques qui ont fait le serment de venger la mort de Brown ! C'en serait fait de la cause du Sud esclavagiste ; mais aussi, jamais génération n'aurait assisté à une catastrophe si épouvantable!

Je n'essaierai pas d'émouvoir le lecteur, en lui dépeignant les scènes d'incendie et de massacre qui se répéteraient sur tous les points des Etats en proie à la révolte : l'imagination ne peut atteindre à ce que serait la réalité, et la pensée se trouble à la vue de ces images hideuses. Il ne manque cependant pas de gens dont la logique révolutionnaire s'accommoderait de cette solution, dans les horreurs de laquelle ils sont disposés à ne voir que le juste châtiment des Blancs d'Amérique. Je crois que ces septembriseurs de l'Abolitionisme reviendraient à des sentiments plus humains, si on leur faisait toucher du doigt que l'asservissement des Noirs n'est pas le crime des seuls Américains ; que l'émancipation par les armes aurait pour effet de précipiter les Nègres des Etats-Unis dans la voie où ceux de Saint-Domingue ont fini par rencontrer Soulouque ; enfin qu'il n'est pas même probable qu'une révolte réussisse, car, si les Nègres ont pour eux le nombre, et s'ils y joignent la soif de la liberté, les Blancs sont forts de leurs lumières, de leur tradition, et du danger qui menacerait l'existence de leurs familles. Mais l'Abolitionisme est certes autorisé à demander, par toutes les voies de droit, que la question de l'émancipation soit mise à l'ordre du jour.

III.

Bien qu'à la lecture de la *Case de l'oncle Tom* l'Europe ait été prise d'un sentiment de pitié, même assez vif pour que les sarcasmes des littérateurs sans aveu n'aient pu en arrêter l'expression, il n'apparaît pas qu'elle soit disposée à accueillir avec faveur les propositions qui seront faites par les abolitionistes. Cela tient à ce que, pour la grande majorité des esprits, la question américaine est toute entière dans les risques que font courir à l'industrie du coton les événements dont le livre de Mme Beecher-Stowe a été le point de départ. Cela tient aussi à ce que, pour cette même majorité, l'abolition de l'esclavage est une affaire exclusivement américaine. Il va de soi qu'il y a contradiction entre ces deux manières de voir, puisque l'affranchissement peut avoir, sur la culture du coton, des résultats qui atteindraient l'Europe dans l'une de ses industries organiques ; mais la contradiction importe peu. L'essentiel est de savoir que l'Europe opposera autant de « fins de non-recevoir » qu'en imagineront les sophistes de la mauvaise presse ; par la raison toute puissante qu'il est de son intérêt, particulier et actuel, de conserver un état de choses qui lui est encore profitable.

Je ne veux pas taxer d'égoïsme quiconque estime que le souci de nos approvisionnements doive tenir en bride l'abolitionisme impatient ; aussi bien, le salaire de cinq millions d'ouvriers dépend de la récolte qui se fera cette année dans les Etats du Sud, tout autant que de celle du blé dans nos propres départements. — Il est donc légitime que l'on se préoccupe du coton. La justice ne veut pas que l'émancipation des travailleurs nègres se fasse au détriment des ouvriers d'Europe ; et l'on peut, tout en souhaitant que la servitude prenne fin dans le Nouveau-Monde, ne pas faire des vœux pour que, du même coup, la misère sévisse dans l'Ancien. La guerre servile d'un côté de l'Océan, la guerre sociale de l'autre : ce serait, il faut en convenir, mettre à un prix exorbitant le triomphe d'un principe.

Mais peut-on s'engager plus avant dans cette voie, où je me plais à reconnaître que, jusqu'ici, la justice se rencontre avec la prudence ? Je ne le pense pas ; car il ne faudrait que faire quelques pas pour en venir à cette extrémité, de soutenir, avec les hommes d'Etat de Montgommery, que le maintien des Nègres dans la servitude est commandé par l'intérêt des capitalistes et des ouvriers. Or, quelque respectable que soit la cause des premiers, et quelque sacrée que soit celle des seconds, on ne peut, sans renier Dieu, la philosophie, le progrès, tout christianisme et toute civilisation, consacrer le triomphe de l'*utile*, par un mépris aussi flagrant du premier précepte de la loi morale, qui est le respect du droit dans la personne des faibles.

Il ne faut pas dire, « périsse la liberté plutôt que le coton ! » Ce serait une infamie à déshonorer le 19e siècle. — Il ne faut pas dire non plus, « périsse le coton plutôt qu'un principe ! » — La justice et la vérité se trouvent toutes deux à une égale distance de ces deux extrémités.

Je suis prêt à concéder aux abolitionistes révolutionnaires, que l'industrie du coton a été, depuis 40 ans, le complice principal de l'esclavage ; mais je les prie d'observer que l'Europe toute entière en a été le recéleur. Il serait donc souverainement injuste de vouloir faire supporter par les seuls Américains la responsabilité de la faute, commise en complicité par nous tous. Je veux bien que cette complicité ne soit pas de celles qui font encourir la même peine que le crime, mais encore doit-elle interdire au complice de jouer le rôle d'accusateur. Hélas, ce rôle ne convient à personne, dans le procès de l'esclavage. S'indigner serait légitime, puisqu'il s'agit d'une *portion de l'humanité qui crie et se débat en vain sous les lois* (1), mais le tort d'avoir connivé doit nous rendre ménagers d'indignation les uns vis-à-vis des autres. Réservons-la pour ceux qui, après neuf cents ans d'égalité

(1) Tocqueville.

chrétienne, osèrent, sous le drapeau de Castille et de Portugal, introduire de nouveau la servitude dans le monde. Ou plutôt (car nous sommes leurs héritiers, et tous les Gouvernements de l'Europe imitèrent leur crime), ne ramassons ces trésors de sainte colère que pour en accabler ceux qui, au mépris de la foi jurée, persévèrent dans la détestable pratique de la Traite.

J'ai dit que l'Europe n'accueillerait pas bien les premières propositions des Abolitionistes, parce qu'elle voit, dans les efforts qu'ils ont faits en Amérique, la cause du conflit qui met en péril la production du coton. Cette mauvaise humeur est naturelle; mais à la longue, et en y réfléchissant, les Modérés conviendront que l'industrie cotonnière ne courrait aujourd'hui aucun risque, si on n'avait pas commis l'imprudence de la faire encore reposer sur le travail servile, quand, par la suppression de la Traite, prononcée au Congrès de Vienne, l'esclavage était condamné à périr. C'est ce que la Chambre de commerce de Manchester à déjà confessé implicitement, lorsque, après avoir refusé de prêter l'oreille aux insinuations du Sud, elle a pris la louable résolution de poursuivre, par tous les moyens, le développement de la culture du coton dans les pays libres.

Toutefois, de ce qu'une imprudence a eu lieu, et de ce qu'il est urgent de la réparer, s'en suit-il que l'on puisse brusquement rompre des engagements contractés à long bail? — L'Europe a commis une faute, en ne faisant guère ses commandes de coton qu'aux planteurs américains : elle commettrait une injustice en cessant tout à coup de leur en faire ; car il s'est formé, entre les consommateurs et les producteurs, des pays libres et de la terre de servitude, une véritable société tacite, dont il importe à la solution de la question que les conditions soient mises au jour.

IV.

Les Nègres d'Amérique n'ayant été réduits en servitude ni à la suite d'une guerre de race, ni par une conquête, on ne peut prétendre que l'esclavage, dans les Etats du Sud, soit une application de cette loi de l'Antiquité en vertu de laquelle le vaincu devenait la proie, la victime, la propriété du vainqueur. Il faut donc écarter le sophisme qui consiste à présenter l'état de servitude des Nègres comme la conséquence de leur contact avec une race supérieure. Lors de la conquête espagnole, il n'y avait pas, dans toute l'Amérique, un seul individu de la race aujourd'hui asservie; et, pour me servir de l'expression de M. de Tocqueville, il n'est pas un seul Africain qui soit venu, librement sur les rivages du Nouveau-Monde.

On a dit des Indiens, qu'ils avaient perdu tous leurs droits dès lors qu'ils s'étaient trouvés en présence des hommes de l'espèce blanche, à laquelle appartiennent la domination et l'empire sur toute la terre. Cette théorie, que je ne veux pas discuter ici, est inapplicable à la race que les planteurs américains exploitent au profit des consommateurs européens. Il n'y avait pas de contact entre leurs ancêtres et ceux de leurs esclaves; partant, ceux-là ne pouvaient exercer, sur la race noire, le droit qu'ils s'étaient attribués sur les Indiens. Ils le pouvaient d'autant moins, que ce prétendu droit fut bientôt légalement déclaré mal fondé, dans son application aux indigènes même.

L'honneur en revient au pape Paul III, qui proclamait, dès 1531, que les Indiens n'avaient point été créés de Dieu pour la servitude. Quelques années plus tard, Charles-Quint rapportait l'ordonnance de Ferdinand-le-Catholique, en vertu de laquelle ces malheureux avaient été réduits en esclavage.

Comment ce retour à la justice fut-il, en même temps, le signal de l'oppression? Faut-il accuser Las Casas, le protecteur des Indiens, d'avoir provoqué l'asservissement des Noirs? Est-ce sur la mémoire du pape Paul III que doit peser la responsabilité de cette iniquité? ou bien, devons-nous l'imputer à quelques-uns de ces aventuriers portugais, qui, depuis un demi-siècle, déshonoraient le nom chrétien, sur les rivages de l'Afrique occidentale? Il est hors de doute que, dès l'année 1442, il y eut des Noirs achetés à la côte d'Or par un traitant portugais, du nom de Gonzalès. En 1444, un capitaine Lanzarote débarquait à Lagos, dans le royaume des Algarves, 235 nègres achetés à la côte d'Arguim. La même année, l'Anglais Hawkins recrutait à Sierra-Léone; enfin, en 1503, le Gouverneur de l'île d'Haïti était obligé de prohiber formellement l'importation des esclaves africains. De ces faits, qui sont consignés dans les *Décades* de Herréra, on doit conclure que le point de départ de la Traite africaine n'a pas été la bulle d'émancipation de Paul III. Seulement, il faut reconnaître que l'affranchissement des Indiens a eu pour conséquence de donner de l'extension à la Traite, et même que c'est à dater de la bulle pontificale que le trafic des Nègres est devenu un commerce régulier et autorisé. L'édit de Charles-Quint dispose que les Nègres remplaceront les Indiens dans l'exploitation des mines et la culture.

Nous pouvons, avec cet édit, déterminer quelle a été l'origine de l'esclavage américain.

Devenus maîtres d'un sol dont la richesse métallurgique paraissait inépuisable, les premiers aventuriers ne virent, dans la conquête de Colomb, que des filons et des mines à exploiter; mais ils étaient peu nombreux, inhabiles au travail, mal aguerris au climat. D'ailleurs, ils n'avaient pas l'humeur laborieuse; l'épée leur semblait le seul instrument dont ils dussent se servir. Il leur parut, dans l'ordre des choses, que la race indigène s'employât à leur procurer les métaux contre lesquels ils échangeraient les productions de l'Europe. Comme les Indiens n'adoraient pas le Dieu dont Ferdinand-le-Catholique était le serviteur, leur asservissement fut jugé licite; il parut une suite naturelle de la conquête. Le Roi ordonna, en conséquence, qu'ils seraient tous réduits en esclavage; moyennant quoi, les aventuriers paieraient un large tribut, et feraient de fortes commandes au commerce de la Métropole.

On sait combien de centaines de milliers d'Indiens moururent à la peine, usés par cette vie de *travaux forcés* et de bagnes; mais les aventuriers gagnaient gros; mais les coffres du Roi s'emplissaient; mais la richesse pénétrait dans l'intérieur de l'Espagne, par les provinces maritimes. Les bénéfices du hideux système dépassaient tout ce qu'avaient connu les hommes d'alors. C'était, toutefois, au prix d'une telle consommation d'esclaves, que les Gérants locaux furent obligés d'informer leurs associés de la Métropole qu'ils ne pourraient bientôt plus recruter leurs ateliers. Les indigènes, en effet, n'étaient pas de complexion assez vigoureuse pour supporter ce dur régime, et, parmi ceux mêmes qui y résistaient, la plupart préféraient la mort à la servitude. Il fallait aviser. Les associés s'émurent, à la pensée qu'une spéculation aussi fructueuse allait être abandonnée, — abandonnée au moment où de nouvelles découvertes leur faisaient présager qu'elle était sur le point de prendre une plus grande extension : — ils cherchèrent, alors, non point à ménager leurs victimes, mais à s'en procurer d'autres.

L'histoire n'a pas conservé le nom de celui qui proposa de recruter les ateliers d'Amérique au moyen de la Traite. C'est, sans doute, que cette proposition fut faite lorsque l'idée d'user des ressources de la côte d'Afrique était devenue familière aux habitants de la Péninsule. Toujours est-il qu'en l'an du Christ 1520, l'esclavage africain était organisé dans l'Amérique espagnole.

La recherche des métaux précieux ne fut pas longtemps la seule industrie des colons. Ils y joignirent, successivement, la préparation des peaux, l'exploitation des bois d'ébénisterie, la culture du tabac et de l'indigo; plus tard, celle du caféyer, de la canne à sucre, du giroflier, des arbres à épices; en dernier lieu, celle du coton. L'exemple donné par les Espagnols fut suivi dans toute l'Europe. Chaque nation maritime eut ses colonies, et la Traite fut autorisée par tous les Gouvernements. Notons cependant, à l'honneur de la France et de l'Angleterre, que leurs établissements d'outre-mer n'ont point commencé par l'esclavage. Lorsque leurs Colons y recoururent, la Traite était pratiquée depuis plus de cent ans par le Portugal et l'Espagne, et l'on peut légitimement croire que ni l'une ni l'autre n'en aurait pris l'initiative ; d'autant mieux que ce sont ces deux nations qui, les premières, ont plus tard condamné l'esclavage. Mais, vers 1630, l'humanité n'était pas encore affranchie de la croyance que les Nègres sont les descendants de Cham, et que leur réduction en servitude est l'accomplissement d'un décret de Dieu (1).

Comment les colonies des deux grandes nations de l'Occident ne se seraient-elles pas adressées aux Traitants, lorsque l'esclavage des Africains paraissait être sanctionné par la volonté divine, et qu'en même temps l'Europe affriandée encourageait les Colons par ses demandes et ses avances de fonds ?

Le commerce tirait profit de ces voyages lointains. De petits ports, où l'on n'avait vu auparavant que des barques de pêche, étaient en voie de devenir de grands centres d'activité ; des fortunes colossales s'élevaient à côté de leurs quais, encombrés de marchandises : fortunes rapides, sans précédents, et dont les effets se répandaient par mille canaux dans la masse de la petite bourgeoisie. C'était l'aurore de l'immense mouvement de navigation et d'échanges qui se fait aujourd'hui sur toutes les mers.

---

(1) Dans certaines parties de l'Amérique, beaucoup d'esclavagistes le soutiennent encore, pendant que d'autres se servent de l'argument animal ; et il se trouve ainsi des bigots qui viennent en aide à la cause des matérialistes.

C'en était aussi l'âge d'or; car, aux yeux de l'Europe, l'Amérique n'avait pas encore perdu ce voile de nouveauté et de mystère que la découverte n'écartait qu'en partie. C'était toujours l'Eldorado des compagnons de Colomb, — ce monde merveilleux où l'argent coulait dans les fissures des roches, et où l'or étincelait dans le sable des rivières. — Les Colons étaient donc sollicités à étendre sans relâche leurs cultures. On leur achetait tout, et quelque activité qu'ils déployassent, ils ne réussissaient pas à satisfaire l'Europe. Quel autre moyen pouvaient-ils employer que la Traite? Les derniers engagés blancs succombaient à la tâche; et il ne venait plus de l'ancien monde que des grands seigneurs ruinés, ou des aventuriers de commerce.

Ainsi s'élevaient, avec le concours de l'Europe, le somptueux édifice de la richesse coloniale, dont les fondations avaient été jetées par les Espagnols dans le sol mouvant de la servitude. D'innombrables ouvriers étaient employés à l'agrandir; mais à mesure qu'on en exhaussait le faîte, on en compromettait la solidité. En effet, pour satisfaire aux exigences toujours croissantes du marché européen, il fallait transporter vers l'Amérique tropicale tout un peuple de travailleurs. Tant que le nombre des Nègres était demeuré inférieur à celui des Blancs, le centre de gravité s'était maintenu dans la race dominatrice; mais à la longue, ce centre s'était déplacé ; les progrès de la Traite l'avaient fixé dans la race asservie. Il en résultait, d'abord, que l'équilibre n'était plus assuré, et ensuite que, l'iniquité grossissant toujours, la conscience allait se révolter.

La statistique la moins suspecte porte à 12,000,000

le nombre des Nègres qui ont été transportés dans les colonies intertropicales. Si l'on ajoute à ce chiffre, d'une part, 5,000,000 pour le Brésil et les républiques de Terre-Ferme, de l'autre 2,000,000 pour les Etats-Unis, le Mexique et l'Amérique centrale, on arrive au total monstrueux de 19,000,000. Quelques préjugés que l'on ait contre l'Abolitionisme, il n'est pas croyable que l'on supporte avec indifférence la vue de telles iniquités. Il ne s'agit pas, en effet, de malheurs imaginaires disposés avec art dans un roman. C'est la réalité toute nue ; la réalité de trois cents années, et plus, durant lesquelles les navires négriers ont sillonné l'Atlantique. Il n'est pas un point abordable de la côte d'Afrique où des malheureux n'aient été entassés dans des étables humaines, vendus un à un, enchaînés, et conduits à bord sous le fouet du Traitant ; pas une vague de cet Océan qui n'ait brisé sous le taillemer d'un négrier ; pas un port du littoral américain où n'aient été débarquées de ces cargaisons de *Quasimodos*, dans la poitrine desquels battaient des cœurs d'hommes.

V.

Il y a entre l'industrie de l'Europe contemporaine et celle de l'Europe de 1520, la même proportion qu'entre le gigantesque *Great-Eastern* et la caravelle la *Santa-Maria*, dont le tonnage était celui d'une de nos goëlettes de cabotage. Pareille proportion existe entre le bien-être dont le petit nombre jouissait alors, et celui dont les masses jouissent aujourd'hui ; même rapport entre le luxe des privilégiés des deux époques.

Je ne veux pas affirmer que nous soyons, malgré cela, plus heureux que ne l'étaient nos aïeux, ni que la vie soit aujourd'hui plus facile. Ce que je constate seulement, c'est que depuis la découverte de l'Amérique, on a créé des substances nouvelles, et qu'on a réussi à tirer, de celles que l'on avait déjà, un parti dont les contemporains de Colomb ne se doutaient pas ; c'est, surtout, que la production s'est accrue dans une mesure telle que la valeur de la plupart des produits a été abaissée au profit de tous. Il est vrai que les métaux d'échange ont participé à cette dépréciation : mais le capital a augmenté, et il est devenu plus accessible de toutes façons. Je veux aussi constater que les rangs de la société ont perdu beaucoup de leur inflexibilité, et que des issues vers la fortune ont été ouvertes aux moins favorisés par la naissance. Il semble que chacun était autrefois comme rivé à la position qu'il occupait traditionnellement, tandis qu'aujourd'hui on a toute facilité pour s'en faire une supérieure. C'était l'immobilité : c'est, depuis trois siècles, le mouvement. Avant Colomb, l'organisme économique était peu compliqué : il se fait aujourd'hui un nombre d'affaires prodigieux ; il a fallu multiplier les rouages et les intermédiaires. On est plus occupé, on travaille davantage, mais on gagne et on consomme beaucoup plus. Au lieu d'enfouir son argent, on le dépense, et il se forme plus de capital disponible qu'il ne s'en formait autrefois. Il est incontestable qu'un double progrès s'est accompli dans notre régime économique : la consommation moyenne a augmenté, et la richesse sociale s'est accrue. Ce résultat s'explique par l'action combinée des causes diverses qui ont concouru au développement du commerce et de l'industrie : d'une part, la mise en circulation de nouveaux produits; de l'autre, le progrès des sciences; en troisième lieu, l'émancipation de l'individu. Chacune de ces causes a un nom, qui a été adopté par les historiens après avoir été consacré par l'usage. La mise en circulation de nouveaux produits s'appelle *Découverte de l'Amérique;* le progrès des sciences, *Renaissance;* l'émancipation de l'individu, *Réforme.* Je dois négliger ces deux dernières, pour m'occuper exclusivement de celle dont l'étude se rattache à mon sujet par des liens étroits.

Le sol de l'Amérique a donné aux Colons des produits qui n'étaient pas de nature à être consommés sur place : c'est le point de départ de tout le mouvement qui s'est fait sur l'Océan Atlantique. Si le climat du Nouveau-Monde n'avait pas été différent de celui de l'Ancien, ces produits auraient été pareils aux nôtres. Dans ce cas, ils n'eussent pas excité nos convoitises, et il eût fallu un écart considérable entre les prix d'Europe et ceux d'Amérique, pour nous engager à faire la dépense d'un fret de retour. Le commerce de grains et de salaisons qui se fait aujourd'hui entre les Etats-Unis et l'Angleterre, ne date que du commencement de ce siécle. Il est vrai que nous aurions eu à fournir les Colons de meubles, de vêtements et d'objets manufacturés de toute sorte, mais ceux-ci n'auraient pas tardé à pourvoir eux-mêmes à leurs besoins. Les envois de navires n'eussent donc pas été fréquents, et le tonnage n'eût pas pris de longtemps l'extension qu'il avait déjà au 17e siécle. Nous serions encore bien loin du *Great Eastern.* Que serait le Hâvre ? un petit port comme Dieppe. Liverpool n'eût pas réussi à primer Glascow ; Manchester serait resté une petite ville, et Altkirch n'aurait pas vu Mulhouse lui ravir son vieil honneur de chef-lieu.

Du moment où les Colons ne pouvaient consommer qu'une faible quantité de leurs produits, le surplus n'avait de valeur qu'autant qu'ils le dirigeaient sur le marché européen. Le transport effectué, un compte s'ouvrait à leur profit, mais en même temps il s'en ouvrait un autre au profit de la Métropole. C'était le compte *de retour*, qui se faisait en farines, vins, spiritueux et autres articles d'exportation. Plus les Colons avaient de denrées à expédier, plus leurs commandes étaient fortes. Généralement ils étaient les débiteurs de la Métropole. Voici quels étaient les résultats de ces échanges. Des navires se construisaient, se gréaient, s'armaient et s'approvisionnaient dans les ports d'Europe ; des maisons de commerce se fondaient pour servir d'intermédiaires entre les deux mondes ; ces maisons faisaient des commandes aux commerçants de l'Intérieur qui devaient leur procurer les produits à exporter ; ces commerçants s'adressaient aux fermiers et aux manufacturiers ; ceux-là vendaient leurs récoltes à de bons prix, ceux-ci doublaient le chiffre de leurs affaires. Les consommateurs riches mettaient en circulation une partie de leurs épargnes ; les consommateurs peu aisés étaient excités à produire davantage. Ainsi l'argent passait de mains en mains : à son défaut, des crédits s'ouvraient. Un débouché était offert à la production. La richesse s'accroissait par un effet naturel des lois économiques.

En vue d'assurer à leurs nationaux les avantages résultant de ces échanges, les Gouvernements imposaient aux Colonies un pacte, en vertu duquel celles-ci s'engageaient à ne faire d'opérations qu'avec la Métropole. En même temps ils leur réservaient les bénéfices à réaliser sur la préparation industrielle des produits américains. Les Colons se soumettaient à ces conditions, quelque léonines qu'elles fussent, moyennant que la loi reconnaîtrait leur pouvoir *dominical,* et qu'ils pourraient librement se procurer des esclaves à la Côte. Ils enrichissaient la Métropole ; mais celle-ci devait leur assurer le libre exercice de leurs droits particuliers. C'est le lieu d'ajouter à l'*avoir* de l'Europe les énormes bénéfices de la Traite.

Pour peu que l'on soit habitué à prendre des vues d'ensemble, il est facile de réunir en une synthèse logique les détails de cette analyse, qui m'entraînerait, si elle était prolongée, dans des considérations infinies. Au fond, l'exploitation du sol de l'Amérique tropicale a fait l'objet d'une Société, qui s'est formée au 16e siècle entre les rois de la côte de Guinée, les planteurs d'Amérique, et les consommateurs et producteurs de l'Europe. Les rois nègres ont fait *apport* de leurs prisonniers, ou même de leurs sujets ; les planteurs, des produits de leurs habitations ; l'Europe, faisant les avances de fonds, a pris des *actions.*

La Société a donc été composée d'une majorité de bailleurs de fonds, et d'un petit nombre d'associés (de deux catégories), dont le rôle est analogue à celui que jouent, dans les commandites, les associés en nom. Ces deux catégories figurent seules dans la raison sociale, qui est : *Colonies, Esclavage africain et Cie;* les rois nègres et les planteurs y sont bien des Gérants commandités. Quant à l'Europe, qui n'est pas en nom, elle est actionnaire, et à ce titre, elle se partage les dividendes. On fait aux planteurs une remise proportionnelle : c'est l'excédant de valeur de leurs produits. Les rois nègres reçoivent une remise, qui est à peu près fixe : *tant* par tête d'esclave. La Société est formée à un capital illimité, et pour une durée indéfinie; elle est autorisée par tous les Gouvernements. Le fonds social consiste, ainsi que je l'ai dit, dans les apports que les commandités font en nature : d'une part, on fournit des Nègres; de l'autre, des terres cultivables. Il n'est constitué qu'autant que les apports des deux sortes sont réunis. En effet, que faire d'un Nègre, si on n'a pas de glèbe où l'attacher? et que faire d'un champ, si on ne peut y mettre des Nègres? — Ce n'est pas pour souiller les planteurs par un contact odieux, que je les ai accolés aux rois africains; c'est que telles sont les choses. Ne prétend-on pas, dans les Etats du Sud, que le propriétaire d'esclaves est le cessionnaire du Traitant?

Une Société, dont les opérations embrassent trois continents, a besoin de nombreux employés. Voici quel était en 1815 le personnel. Je procède par continents :

En Afrique, des Traitants, ayant sous leurs ordres des commis et des recruteurs.

En Amérique, des courtiers et des commerçants, des économes, des gouverneurs, des soldats, des juges, un clergé.

En Europe, des capitaines, des matelots, des mousses, des courtiers, des entrepositaires, des commissionnaires.

VI.

Lorsque l'on dépouille les inventaires auxquels il a été procédé pour faciliter les liquidations (anglaise et française) de 1833 et de 1848, on est frappé de ce que les bénéfices de l'association se sont partagés très-inégalement entre les bailleurs de fonds et les commandités. Il est sensible que ces derniers sont en faillite, et que ce n'est pas de la veille. — Leur prospérité n'était donc qu'apparente? — Pourquoi ce partage inégal? Et comment ceux qui étaient la cheville ouvrière, ont-ils perdu le fruit de leur travail?

A première vue, on est tenté d'attribuer ce résultat à la condition désavantageuse que le pacte colonial faisait aux Colons. Pour bien des gens, l'explication est encore plus superficielle : les colons, suivant eux, se sont ruinés, parce qu'ils aimaient la magnificence et qu'ils anticipaient toujours sur la récolte à venir. Il y a du vrai dans chacune de ces appréciations; mais c'est s'arrêter à la surface que de s'en tenir à la double critique ou des exigences de la Métropole ou des appétits des colons. Il faut aller au fond, c'est-à-dire à l'esclavage.

Si l'esclavage est condamné par la loi morale, on doit s'attendre à ce que ses effets soient préjudiciables à ceux qui en font la pierre angulaire de leur Société et le levier de leurs entreprises. Autrement, il ne serait pas vrai de dire avec le roi David : *Nisi Dominus œdificaverit domum, in vanum laboraverunt qui œdificant eam.* En d'autres termes, si l'esclavage n'était pas, pour la

Société qui l'a institué, une cause de décadence, il ne serait pas vrai que l'essence du juste s'accordât avec l'intérêt général. Or il n'y a en dehors de ce principe ni morale certaine ni sanction efficace. Je suis rassuré, et je me confirme dans ma croyance de cette maxime, noblement formulée par Cicéron (1), que L'INJUSTICE N'EST JAMAIS UTILE, quand, la liquidation de 1848 en main, je constate combien précaire était la condition des colonies françaises.

Les 226,415 Nègres, qu'elles tenaient en servitude, venaient à peine d'être rendus à la liberté, qu'il sautait aux yeux que les Colons étaient perdus si on ne leur donnait tout à la fois des capitaux et des travailleurs. « De l'argent et des bras! » tel fut leur cri unanime et persévérant. Je ne crains d'être démenti par aucun de ceux qui ont étudié les questions coloniales, en posant comme certain que, sans l'indemnité et l'immigration, nos colonies n'eussent pas produit en 1860 la cinquantiéme partie de la récolte de 1847. L'indemnité, quoique trop faible, a sauvé leur crédit, que l'émancipation avait ruiné parce que d'avance il était à bout; et l'immigration, quoique tardive, leur a donné des travailleurs à bas prix.

De l'argent et des bras! ce cri suffit pour faire apprécier à sa juste valeur l'institution qui était la clef de voûte de la Société coloniale. De l'argent! Mais cela veut dire que les frais d'exploitation n'avaient pas été couverts, et que la formation du capital n'avait pas en-

---

(1) Cicer. *de Re publicâ* (*passim*).

core commencé. Cela veut dire que les Colons étaient à la merci des capitalistes de Nantes, de Bordeaux et de Marseille; que leurs Nègres ne leur appartenaient pas; que leurs habitations étaient grevées d'hypothèques, et que depuis nombre d'années ils ne travaillaient plus que pour leurs créanciers. — Des bras! Mais cela signifie que les propriétaires n'avaient pas été ces *pères de famille* qu'ils prétendaient être, et que le fardeau de l'esclavage avait pesé sur la masse des Nègres au point de lui rendre le travail une chose antipathique. Cela signifie que les planteurs ne pouvaient retenir par des salaires suffisants les hommes qui eussent consenti à travailler; que leurs habitations, composées d'une file d'étables jointes à la maison du maître, n'étaient pas des lieux de plaisance pour les Noirs; que cette organisation, cette vie en commun, était contraire aux instincts d'une race qui est demeurée attachée à la tradition de la famille africaine. Cela signifie, enfin, que la Société coloniale était composée de deux masses inégales, sans liens naturels ni cohésion. — Voilà ce que l'affranchissement mettait à découvert. Les colons touchaient du doigt leur ruine; mais ils l'attribuaient à ce qui n'avait fait que la rendre sensible. Ils raisonnaient comme ces commerçants qui s'en prennent de leur faillite au Tribunal, au lieu de faire un retour sur les opérations qui les ont ruinés. Tandis qu'ils maudissaient la révolution qui les avait *dépouillés*, leurs affranchis abandonnaient les habitations, et celles-ci devenaient désertes. C'était le coup de grâce. En effet, les propriétaires s'apercevaient que leurs immenses domaines étaient des titres nus, sans valeur intrinsèque et négociable. Il se présentait bien de temps à autre quelques acquéreurs, mais c'était des affranchis d'avant 1848. N'ayant que de maigres épargnes, ils ne demandaient que des lopins, et encore ne pouvaient-ils payer que des à-comptes. On eût passé par là, car il faut vivre; mais vendre de la terre aux Nègres, c'était la ruine du système colonial, lequel veut que la plèbe noire ne soit jamais autre chose que la matière première des ateliers. Plus d'un créole n'a signé de tels contrats de vente, que la rougeur au front et la misère sur les talons. Ce phénomène économique, — d'une terre dont l'hectare donne 1,600 kilog. de sucre et ne se vend pas 300 fr., — est un des traits caractéristiques de l'esclavage.

Si les sept ou huit millions de paysans qui cultivent le sol de la patrie française étaient des esclaves, la valeur totale des immeubles ruraux reposerait sur leurs têtes; et, comme ces paysans seraient cessibles au gré de leurs détenteurs, cette valeur formerait une masse dont les parties seraient mobiles. L'esclave tirerait sa valeur de la portion du sol que son labeur pourrait féconder; mais en retour, aucune portion n'aurait de valeur qu'autant qu'un esclave pourrait la cultiver. Il suit de là qu'une même terre trouverait acquéreur à 500,000 fr. si l'on mettait en vente le troupeau humain attaché à son exploitation, tandis qu'on ne pourrait s'en défaire si on l'offrait dans des conditions telles que l'acquéreur n'ait pas l'assurance de trouver des esclaves. Qui ne comprend que dans une société servile, l'émancipation ait pour effet de faire tomber la valeur des terres, bien qu'elle n'atteigne directement que celle des esclaves? Comme cette dernière avait été empruntée à la terre, son anéantissement subit équivaut à un passif qui grève immédiatement celle-ci. — Une révolte produit le même effet qu'une émancipation ; mais, dans ce cas, il n'y a pas d'indemnité réparatrice, et, par surcroît, il y a guerre civile. — Or, toute servitude finit ou par une révolte ou par une émancipation. Nos colonies ont goûté des deux. Instituer l'esclavage implique donc, en économie politique, que l'on divise la valeur totale de la propriété foncière en deux parts très-inégales, dont la plus considérable sera tôt ou tard fatalement anéantie d'un seul coup.

Les défenseurs de la servitude objectent que cet anéantissement n'entrait pas dans les prévisions de ceux qui l'ont instituée, et que, si la catastrophe n'avait pas été provoquée du dehors, les Sociétés coloniales fussent demeurées dans un état bien autrement prospère que les Sociétés européennes. J'ai répondu par avance, en faisant connaître le résultat général de l'enquête ouverte la veille de l'émancipation par un publiciste éminent (1) : les colonies étaient en faillite. Trois causes principales avaient amené cette déconfiture : d'abord, la dépréciation continue des produits; ensuite l'élévation progressive de la valeur vénale des esclaves, élévation due à l'excès de la demande, à la mortalité sur les sujets, et, depuis 1820, à la suppression de la Traite; en troisième lieu, ce qui est inhérent à l'esclavage, le prix de *revient* excessif des journées de travail servile.

(1) L'honorable M. Schelcher.

M. de Tocqueville a dit, avec cette sûreté qu'il apportait dans l'expression de ses jugements : « En réalité, » l'esclave a plus coûté que l'homme libre, et ses tra- » vaux ont été moins productifs. » On n'a point, que je sache, interjeté appel de cet arrêt.

La dépréciation des produits coloniaux est un fait attesté par la comparaison des cotes recueillies dans l'histoire du commerce. Je me bornerai à deux exemples. Le premier a trait au tabac, qui a fait pendant longtemps la fortune de la Virginie et du Maryland, au point que les noms de ces deux Etats sont attachés à tout jamais à cette denrée. Eh bien, d'année en année, le tabac a perdu de sa valeur vénale ; le rapport entre les frais de production et le produit a changé ; le bénéfice net s'est amoindri, et les planteurs ont fini par ne plus rien gagner à leur culture traditionnelle. C'est alors qu'ils se sont avisés d'entreprendre l'élève du bétail humain, métier qui est aujourd'hui leur unique industrie. L'autre exemple est tiré de l'histoire contemporaine de la Guyane. Le girofle y valait, il y a trente ans, de 3 fr. à 3 fr. 60 c. la livre ; on l'y vend aujourd'hui 60 c. Cette dépréciation s'est produite par suite de la concurrence que s'est mise à faire aux planteurs je ne sais quel despote de la côte orientale d'Afrique. Les colons de la Guyane ont eu plus d'un mécompte de ce genre. Il est vrai que ces effets de la concurrence se fussent produits aussi bien sous le régime du travail libre que sous celui du travail servile. La dépréciation que je constate n'est donc pas, dans ma pensée, un argument contre l'esclavage. Je signale seulement le fait comme une des causes de la faillite des Colons, et je l'explique par cette considération que les produits de leurs habitations étant industriels plutôt qu'agricoles, leur valeur a été sujette à tous les accidents du commerce. La culture des denrées coloniales n'a pas été avantageuse, parce que celles-ci étaient soumises à la loi économique des temps modernes, suivant laquelle il y a tendance à la baisse dans le domaine de l'industrie, et renchérissement dans tout ce qui est exclusivement agricole.

Si l'on met en regard de la dépréciation des produits l'élévation croissante du prix des esclaves, l'exposé des causes de la faillite sera complet, et il apparaîtra que l'esclavage est en lui-même la pire des combinaisons. Les négriers qui ont réussi, l'an dernier, à débarquer leurs cargaisons dans les ports des Etats du Sud ont vendu leurs *bonzes* (1) à raison de 300 à 400 piastres. C'est de 700 à 600 piastres meilleur marché que les Nègres de la Traite intérieure; en effet, le prix moyen d'un Nègre de champ, sur le marché virginien, est de 1,000 piastres. On voit par là combien la prohibition de la Traite extérieure a rendu l'esclavage dispendieux. Encore, de ce qu'un bonze est vendu 300 piastres à la Nouvelle-Orléans ou à Mobile, il ne faudrait pas conclure que la réouverture du marché africain dût ramener les cours à ce taux. Au moment où le bonze est mis en vente, il n'a que sa valeur brute; quand il aura reçu une façon, il sera denrée marchande et vaudra plus du double sur la table de l'encanteur. Je crois être près de

(1) On désigne, aux Etats-Unis, par le sobriquet de *bonze*, le Nègre de Traite, qui est vendu clandestinement.

la vérité en estimant à 600 piastres la valeur moyenne qu'auraient les esclaves de champ, dix ou quinze ans après que la Traite aurait repris son cours d'avant 1820. A Cuba, où elle n'a jamais été interrompue tout de bon, le cours moyen est de beaucoup supérieur, mais parce que la culture de la canne à sucre est, comme on le sait, bien autrement lucrative que celle du coton. Si l'on admet mon chiffre de 600 piastres, il n'y a plus qu'à rechercher quel était, vers 1760, le prix d'un nègre de 22 à 26 ans. Je me tiendrai au-dessus du vrai en fixant ce prix à 250 ou 280 piastres. Il est donc établi qu'en même temps que les produits se sont dépréciés, les instruments de production ont renchéri. Il ressort de là que la Commandite n'a pas été avantageuse pour les associés en nom.

VII.

Lorsqu'il s'est agi d'émanciper les esclaves dans les colonies anglaises, certains zélateurs se sont élevés contre le principe d'une indemnité, sous prétexte que c'était reconnaître la légitimité de l'esclavage que de mettre à prix son abolition. A les entendre, la liberté des Noirs n'avait pu être *prescrite* utilement, à cause de la violence qui entachait la possession des Colons ; le domaine de ceux-ci n'était donc pas tel qu'on ne pût les exproprier sans indemnité. — Cette métaphysique servait de couvert à une pensée souverainement injuste ; aussi fût-elle rejetée par la conscience de la nation anglaise, qui n'hésita point à s'imposer une contribution de

500,000,000 pour racheter la part de complicité qu'elle avait eue dans la faute commune des Européens. Depuis, cette même nation a noblement dépensé près d'un milliard pour protéger la côte d'Afrique contre les négriers du Brésil, de Cuba et de New-York.

Comme il est généralement admis, en France, que les Anglais sont un peuple toujours égoïste, calculateur et machiavélique, on n'a pas manqué de prétendre que cette énorme largesse, faite à l'abolitionisme, était le résultat de je ne sais quelle machination, très-incompréhensible mais probablement très-noire. Moi, qui ne suis point dans le secret, et qui n'ai vu encore aucun des détracteurs proposer à l'appui de leur blâme aucune hypothèse tant soit peu acceptable, — je suppose qu'une indemnité a été donnée aux Colons anglais.... tout bonnement parce que la justice et l'intérêt général s'accordaient pour qu'on la leur donnât. Ce qui me confirme dans cette appréciation de l'acte du Parlement d'Angleterre, c'est que la France, seize ans plus tard, elle qui ne voudrait pas être crue machiavélique, a fini par suivre cet exemple, et qu'elle a donné, elle aussi, quoique un peu maigrement, indemnité à ses Colons (1).

---

(1) Il faut être bon et zélé Français, mais savoir s'élever au-dessus des vieux préjugés nationaux, et s'écrier quand besoin est : *amica Gallia, magis amica Veritas.* Exempt de cette partialité qui nous rapetisse, un homme indépendant s'étonnait un jour, devant nous, de l'aversion passionnée qui aveugle assez nos concitoyens pour les empêcher de rendre justice à nos rivaux d'au-delà du Détroit dans les cas même où elle leur est due sans le moindre doute possible. « Certes, dans cette question-ci, » disait-il, les illusions du patriotisme le plus vif devraient » céder à l'évidence. Qu'en vingt autres circonstances nous puissions révendiquer » supériorité sur les Anglais, cette fois-ci ils ont eu sur nous, de toutes manières, » l'avantage moral. Tandis que nous faisions ou *trop* ou *trop peu* (d'abord relâ-

Pourquoi cette indemnité? Est-ce parce qu'on ne peut, sans injustice, se dispenser d'indemniser le citoyen que l'on dépouille d'un droit de propriété, soit intégral soit partiel? — Mais, lors de l'expropriation des seigneurs féodaux, la France avait jugé, et bien jugé, que les seules redevances sujettes à rachat étaient celles dont l'institution supposait un contrat synallagmatique librement consenti, ou, à son défaut, un quasi-contrat de même nature. Du moment qu'il était avéré que le droit du seigneur était exclusivement personnel et unilatéral, le détenteur du sol était libéré sans que l'autre pût rien prétendre. Or l'esclavage africain n'avait été ni contractuel ni consenti, et le droit odieux du maître était à coup sûr unilatéral. L'affranchissement de l'esclave ne comportait donc pas d'indemnité.

Cependant la raison et la conscience disaient toutes deux que la Métropole ne pouvait dépouiller les Colons

---

» chant follement les Noirs, au détriment de qui les possédait, puis les remettant sous la chaine plus follement encore, et ne sachant pas ensuite nous » résoudre à remplir le devoir de les en délivrer moyennant finance), nos émules » ont su agir en hommes à la fois plus sages, plus hardis et plus généreux. — » Remués à fond par l'éloquence de cette petite phalange charitable et persévérante qui, vainement ridiculisée sous le nom de *parti des saints*, était parvenue à produire un immense mouvement de compassion, ils n'ont sottement » rougi ni de céder à ce populaire enthousiasme de vertu, ni d'oser y faire de » tels sacrifices que d'un bout à l'autre de leur vaste empire, tout esclave fût » délivré et nul maitre ne fût lésé. Afin de faire le bien des uns sans opérer » le mal des autres, ils se sont saignés largement. Au prix de leur bourse » vidée, ils ont eu l'honneur de donner au genre humain un exemple magnifique » et consolant. — Eh bien, quoi qu'il puisse en coûter à notre amour-propre » national, il est équitable d'appliquer au peuple britannique un mot célèbre, » jusqu'à présent réservé pour nous-mêmes, et de proclamer, parce que cela est » vrai, que l'Angleterre s'est montrée « *assez riche pour payer sa gloire.* »

de leur droit dominical sans compensation pécuniaire. Il y avait donc quelque part un contrat, en vertu duquel la France était obligée. De quelle nature était-il? et quand avait-il été passé? C'est ce que le gros des Représentants, appelés à se prononcer sur l'indemnité, ne voyait pas nettement; mais un instinct leur faisait sentir que la France était liée. S'ils refusaient d'indemniser les Colons au moment où ceux-ci avaient à désintéresser leurs créanciers de la Métropole et à organiser le travail libre, il était évident que les créanciers seraient frustrés et que le travail ne s'organiserait point. Cette solidarité entre nos ports et nos colonies mit les Représentants sur la voie : l'indemnité fut votée.

VIII.

Si l'esclavage américain peut être aboli autrement que par le fer et le feu, je ne vois qu'un mode d'abolition qui concilie l'équité avec l'intérêt de tous :

C'est l'émancipation MOYENNANT INDEMNITÉ.

Je n'écris pas ces lignes sans avoir multiplié 4,150,000, qui est le nombre des esclaves à libérer, par 3,000 (1), qui est, d'après les calculs officiels de l'État de Louisiane, l'expression arithmétique de leur valeur moyenne en francs. Le produit est exactement 12,450,000,000. Ce que je propose est donc d'anéantir une valeur de douze milliards! Je demande, en outre, que l'on distribue aux

(1) Il ne faut pas confondre, ainsi qu'on le fait généralement, la valeur moyenne de l'*esclave* avec celle de l'esclave de travail.

propriétaires une indemnité dont le chiffre ne peut être moindre de 4,150,000,000 fr., — le tiers de la valeur anéantie. — Avant de se récrier, que l'on écoute.

Je vais faire une hypothèse. Les Nègres se sont soulevés du Potomac au Rio-Grande et des sources du Missouri à Key-West, c'est-à-dire sur toute la surface des Etats à esclaves. Les habitations sont livrées aux flammes, les plantations ravagées; plus de travail, plus de récolte. Les navires, qui venaient charger, s'en retournent à vide, et la nouvelle qu'il n'y a pas une balle de coton sur le marché américain est rapportée par eux à New-York, Liverpool, Londres, Hambourg, au Hâvre, à Rouen, à Mulhouse. Quelles seraient les conséquences de cet événement...? lequel est tout au moins possible.

Commençons par l'Amérique du Nord. Suivant la statistique de 1850 (la seule que j'aie pu consulter), il y avait dans les Etats libres 789 établissements; et là, 1,531,925 balles de coton étaient transformées en filés ou en tissus, par 27,657 ouvriers mâles et 50,357 de l'autre sexe. La valeur totale des produits de cette industrie s'élevait à 260,513,265 fr. Le salaire moyen était de 1,140 fr. par an pour les hommes, de 660 fr. pour les femmes. Total : 140,605,250 fr. Depuis 1850, le nombre des fabriques de coton s'est accru : tous les chiffres de production doivent donc être augmentés.

Dès qu'il n'y a plus de coton dans le Sud, il faut que les Américains du Nord s'en procurent, — en Egypte, en Arabie, dans l'Inde ou à la côte d'Afrique; — sinon, les 789 fabriques sont fermées; les 78,114 ouvriers sont jetés sur le pavé, et les 260,513,265 fr. de produits, sur lesquels comptaient les consommateurs, font défaut. Or y a-t-il quelque chance que l'Amérique réussisse à s'approvisionner sur les marchés que je viens d'indiquer? Certes elle a de nombreux clippers et des capitaux disponibles; mais la même crise menace l'Angleterre, dont les fabricants demandent tous les ans au Sud jusqu'à 2,250,000 balles. Les acheteurs américains se rencontreront donc avec les acheteurs anglais; et vraisemblablement, ceux-ci auront pour mot d'ordre d'acheter à tout prix, le coton étant un des engins les plus puissants de la prospérité commerciale de l'Angleterre. Sa mise en œuvre procure du travail à des milliers d'ouvriers; il y va donc, pour l'Angleterre, non seulement de l'une de ses industries les plus considérables, mais encore de sa sécurité intérieure; puisqu'une révolte d'esclaves, et pour conséquence la catastrophe que je suppose, serait de l'autre côté de la Manche l'occasion d'une commotion populaire, qui pourrait emporter l'aristocratie, la Constitution et la Couronne elle-même. A côté des acheteurs anglais, les Américains trouveront aussi les commissionnaires du Hâvre; car la fabrique française emploie annuellement 560,000 balles de coton du Sud, et l'Algérie n'est pas encore à la veille de fournir à la consommation de sa métropole. Ils rencontreront également les acheteurs des diverses nations dont l'industrie était plus ou moins tributaire de l'Alabama ou de la Géorgie. Quelle que soit, de part et d'autre, la concurrence, il est clair que ni l'Asie, ni l'Afrique ne fourniront au-delà de ce qu'elles produisent. Or, à moins que la catastrophe n'éclate au moment où on aura réussi à décupler leur production, les fabricants ne pourront s'approvisionner de manière à suffire aux besoins de leur industrie. La fabrique aux trois quarts ruinée, les ouvriers sans travail, les consommateurs privés du bien-être auquel ils s'étaient habitués, tels sont (en Europe aussi bien que dans l'Amérique du Nord) les premiers effets de la ruine du Sud.

Et ce ne seraient pas les seuls. Car tout se tient dans l'organisme économique : les diverses industries sont solidaires, et une faillite en entraîne toujours d'autres. Les gens à coton cessant de payer, leurs créanciers ne peuvent faire honneur à leurs propres engagements. La déconfiture de ceux-ci en attend d'autres. S'il n'y a pas de filés, il n'y aura pas de tissus : pas de tissus, point d'indiennes. Voilà Rouen et Mulhouse en proie au chômage, à la misère et à l'émeute. Décidément, la question de l'esclavage n'intéresse pas que l'Amérique.

C'est en vue de l'hypothèse que je viens de faire, que la Chambre de commerce de Manchester a résolu de faire appel au travail libre, afin que l'Angleterre soit prochainement en mesure de soustraire sa fabrication aux chances terribles que court la production dans le Sud des Etats-Unis. Cet appel sera entendu; car le Coton américain a humilié la Grande-Bretagne, et l'Abolitionisme anglais ne peut qu'applaudir à cette reprise en grand d'un plan qu'il avait proposé il y a quelques années. Si l'Angleterre réussissait bientôt à s'affranchir des Etats sécessionistes, l'esclavage ne tarderait pas à y être aboli forcément; mais aussi l'avènement des Nègres à la liberté se ferait dans des conditions telles qu'on devrait désespérer de l'avenir.

Ainsi l'Europe et l'Amérique sont liées de telle sorte, qu'il faut, pour la première, que la seconde continue à produire du coton, et pour celle-ci, que celle-là continue à consommer le coton produit. Il s'est donc formé, entre les Etats du Sud et les nations industrielles des deux Mondes, une Société, semblable à celle que nous avons vu avoir existé entre l'Europe et ses colonies. Les parties contractantes sont au nombre de trois. — Les Etats esclaves, en nom, — les Etats libres du Nord, à la fois commanditaires et bailleurs de fonds, — l'Europe, actionnaire. Je n'insisterai que sur le rôle des Etats du Nord, car le reste va de soi : les Américains du Sud produisent et les Européens fabriquent. Le rôle des Etats du Nord a été plus complexe, en ce qu'ils ont, par le seul fait de leur union avec ceux du Sud, réalisé des bénéfices énormes. J'entends de leur union commerciale ; j'ai en vue le développement que l'industrie et le commerce ont pris au Nord, à mesure que la production du coton augmentait dans le Sud. L'immigration européenne a sans doute contribué pour beaucoup à l'accroissement de la richesse dans les Etats libres, mais elle n'a pas tout fait, et le Sud est en droit de revendiquer comme sienne la plus forte part. Impossible d'en douter s'il s'agit du commerce maritime, puisque le Nord a été le commissionnaire du Sud et qu'il a eu le monopole des transports ; c'est à peine si aujourd'hui les négociants du Sud pourraient mettre quelques navires à la mer. L'industrie du Nord n'a pas été moins favorisée, car les tarifs fédéraux ont eu pour effet de priver le Sud des avantages du commerce direct et d'écarter la concurrence européenne. Le libre-échange ne pouvait qu'être avantageux au Sud ; cependant le système protectioniste a prévalu. Il en est résulté que le Nord a été le fournisseur privilégié du Sud, comme il a été son commissionnaire, son courtier et son banquier. Eh bien, le Nord ayant joué ces divers rôles, il a été, comme je l'ai dit, non seulement actionnaire mais encore co-associé du Sud, et à ce titre, commanditaire. Ce point est de la plus haute importance. Nous touchons, en effet, au moment de liquider la Société du travail servile ; or, *ubi emolumentum, ibi onus*, est tout aussi vrai qu'*ubi onus, ibi emolumentum.*

Liquidons. Les délégués du Nord sont assemblés avec ceux de l'Europe ; la parole est donnée à un délégué français. L'orateur s'exprime en ces termes :

« Messieurs,

» Les planteurs de coton, que vous commanditiez par » l'intermédiaire des Américains du Nord, sont à la » veille de ne pouvoir plus tenir les engagements qu'ils » ont contractés envers vous, quand vous avez consenti » à faire reposer votre industrie sur le travail de leurs » esclaves. C'est vous dire que votre Société est en voie » de dissolution, et qu'il est urgent que vous avisiez.

» Une motion a été faite par les délégués de Man» chester afin que vous preniez les mesures les plus » énergiques pour hâter les progrès de la culture du » coton dans l'ancien monde. Cette motion impliquant » l'abandon des engagements que nous-mêmes avons » contractés avec les planteurs, je viens protester au » nom de la France qui, si elle a souci de ses intérêts, » est trop amoureuse de l'honneur pour donner jamais » les mains à une injustice aussi criante.

» Messieurs, vous n'avez pas besoin que l'on vous » démontre que l'esclavage des Nègres, la culture du

» coton, et l'industrie dont nous sommes les délégués, » ont été jusqu'ici les trois termes d'une seule et même » proposition ; ou, si vous le préférez, les trois côtés » d'un triangle, dont la base s'étend du golfe de Guinée » au golfe du Mexique, tandis que son sommet plonge » au cœur de l'Angleterre. Planteurs, commerçants et » industriels, nous sommes donc solidaires les uns des » autres. Si l'esclavage est un crime, nous sommes tous » criminels ; si c'est une faute, nous l'avons commise » de concert. J'ai entendu dire que l'Europe avait été » imprudente en exposant une de ses industries les » plus considérables aux chances d'une guerre servile : » je réponds que les Américains du Sud ont été bien » autrement imprudents que nous, puisqu'ils ont » exposé à ces mêmes chances leur agriculture, leurs » fortunes, leur sécurité, et celle de leurs familles. Ne » nous laissons donc pas aveugler par notre intérêt » particulier, au point d'être indifférents à celui de nos » associés, surtout lorsque c'est nous qui avons mis ce » dernier en péril. Si je n'étais convaincu que l'escla- » vage a été, tout à la fois, un crime et une faute, je » vous demanderais compte, au nom des Américains du » Sud, de tout ce que vous avez fait pour discréditer » leur institution domestique.

» Je dirais aux Américains du Nord : « L'esclavage a » fait votre industrie et votre commerce : pourquoi » avez-vous cherché à précipiter son abolition? Il n'est » pas une de vos piastres dans laquelle il n'y ait un » alliage de servitude : pourquoi avez-vous rendu au » capitaine Brown des honneurs que jamais souverain » n'a reçus? L'Union avec le Sud reposait sur la souve-

» raineté des Etats : pourquoi avez-vous fait choix d'un » président républicain et abolitioniste? »

» Je dirais aux Anglais : « Vous, c'est différent : vous » avez été, depuis quarante ans, les promoteurs et les » apôtres de l'Abolitionisme. Après avoir affranchi à vos » dépens les Nègres de vos colonies, vous avez dépensé » un milliard pour empêcher la Traite. Mme Beecher-» Stowe est venue vous visiter; vous l'avez accueillie » triomphalement. L'esclave Anderson, pour ne pas re-» tomber en servitude, avait levé une main meurtrière sur » son maître qui le poursuivait : vous l'avez déclaré in-» nocent. Hier encore, vous dénonciez l'Espagne comme » restant, malgré ses promesses et malgré l'argent reçu » de vous pour les tenir, la protectrice des négriers. Eh » bien, osez aller plus loin dans la route du sacrifice. »

» Enfin, je dirais à mes compatriotes, aux Français : « Le petit nombre d'entre vous qui se sont donnés comme » défenseurs de l'esclavage ne fera jamais que vous ne » soyez pas les descendants de ceux qui, les premiers » en Europe, ont essayé de rendre la liberté aux hommes » de la race africaine. »

» Puis, m'adressant à tous, j'ajouterais : Si les planteurs » sont à la veille de ne pouvoir plus tenir leurs enga-» gements, c'est par le fait de leurs propres associés. A » Dieu ne plaise que je vous impute à crime d'avoir » obéi à la voix de vos consciences, lorsque moi-même » je suis abolitioniste et n'ai pris la parole que pour » vous proposer d'en finir avec l'esclavage. Je veux seu-» lement vous rappeler que si les fautes doivent être » réparées, la réparation incombe à tous ceux qui y » ont participé. C'est pourquoi je viens vous dire, cette

» fois, au nom de la justice : « Appelez au milieu de vous » les délégués du Sud, et faites-leur cette proposition : « Les esclaves, que vous ne pourriez bientôt plus rete- » nir dans la servitude, seront émancipés par vous, — de » la manière que vous voudrez, et avec toutes les pré- » cautions que le soin de votre sécurité vous suggè- » rera. — De notre côté, nous nous imposerons les plus » grands sacrifices pour vous donner une indemnité de » 4,150,000,000. Cette rançon vous mettra à même » d'organiser le travail libre, en même temps qu'elle » sauvegardera vos biens et vos personnes.

» Messieurs, si vous proposez cela, vous aurez effacé » d'un trait la tache que l'esclavage faisait à notre » civilisation. Vous aurez sauvé l'honneur du XIXe » siècle. »

IX.

Je n'imagine pas que ce discours aurait grand succès dans une réunion d'industriels; mais, la presse le reproduisant, il se pourrait que la proposition du délégué français fût discutée. Cette possibilité m'enhardit à la présenter avec quelques développements.

4,150,000,000 forment un chiffre qui n'appartient pas à l'arithmétique usuelle; cependant, lorsqu'on veut calculer le capital des rentes inscrites aux grands-livres des dettes publiques, on s'élève sans effort vers une région du haut de laquelle les millions n'apparaissent plus que comme des unités budgétaires. L'Angleterre doit vingt-et-un milliards, la France en doit huit ou neuf. J'ai dit que ces quatre milliards et ces quelques millions d'indemnité représentaient le tiers de la valeur totale des esclaves, au taux moyen de 3,000 fr. Il faut justifier cette allocation, qui est supérieure à celles auxquelles se sont arrêtés les liquidateurs des indemnités anglaises et françaises (1).

On peut dire que la réussite d'une émancipation dépend en grande partie du quantum de l'indemnité; en effet, plus le déficit causé par l'affranchissement est comblé, moins profonde est la perturbation économique. J'ai toujours été convaincu que nos Colonies auraient pu se relever par leurs seules forces, si le chiffre de l'indemnité avait permis aux planteurs d'offrir aux affranchis ou des salaires convenables ou des terres avec paiements à de longues échéances. Comme la transformation des Etats du Sud en Etats libres présente de très-grandes difficultés à cause du nombre des esclaves, j'ai cru devoir augmenter les chances de réussite, en faisant aux propriétaires des avantages que commande l'expérience de 1848. Reste à savoir qui supportera le poids de l'indemnité.

Il semble, au premier abord, qu'il n'y ait qu'à la répartir entre les différentes nations, au prorata des bénéfices que l'esclavage leur a procurés, et en proportion des risques que court leur industrie. Ce mode de contribution serait le plus simple; mais il est d'une rigueur qui s'accorde mal avec l'état des finances de la plupart des nations. Il a, en outre, ceci d'inadmissible,

(1) L'Angleterre a payé 750 fr. par tête d'esclave; la France, 530. Je propose le chiffre de 1,000 fr.

qu'il met sur la même ligne l'Amérique du Nord et l'Europe. Or, tandis que celle-ci est débiteur principal, l'Europe n'est qu'obligée solidairement. L'Amérique a toléré l'esclavage lorsque son devoir était de l'abolir et qu'elle pouvait faire cela sans dangers (1). L'Europe a profité de cette tolérance, mais elle n'avait ni le même devoir ni le même pouvoir. Il ressort de cette distinction, qui vient à l'appui de ce que j'ai dit du rôle joué par les Etats libres dans la grande association commerciale, que l'Amérique surtout doit supporter les conséquences de l'émancipation, et que l'Europe est simplement tenue à lui venir en aide. Il faut donc, pour que l'obligation de chacun soit remplie, que l'indemnité demeure pleinement à la charge des Américains, et que cependant l'Europe contribue en quelque chose. Ce règlement peut se faire au moyen de certaines combinaisons financières. J'en propose une, sous toutes réserves; laissant aux hommes pratiques le soin de trouver mieux.

L'émancipation aurait lieu par tiers, et de trois en trois ans : la première année, dans les Etats de Delaware, Maryland, Virginie, Caroline du Nord, Kentucky, Missouri; la quatrième dans ceux de Tennessee, Arkansas Mississipi, Louisiane, Texas et Floride; la septième dans ceux d'Alabama, Géorgie et Caroline du Sud. L'indemnité serait de la sorte payée en trois termes de 1,383,333,333 fr. chacun (2). Le premier paiement

(1) En 1787, lors de l'élaboration du pacte fédéral.

(2) Les trois portions de l'indemnité ne seront pas tout à fait égales, bien que chacun des groupes d'Etats renferme à peu près le même nombre d'esclaves; mais je les suppose égales, pour faciliter le calcul qu'exige le règlement général.

serait fait par le Gouvernement des Etats-Unis, au moyen soit d'une imposition extraordinaire, soit d'un emprunt national. Le premier mode serait de beaucoup préférable, parce qu'il n'engagerait pas l'avenir, et qu'il permettrait au Gouvernement américain de faire face aux engagements qu'il aurait à contracter pour le paiement de la seconde échéance. Cette fois, ce serait l'Europe qui ferait les fonds, car l'Amérique ne pourrait guère, même en se rouvrant la veine, trouver après trois ans 1,383 autres millions. L'Europe lui viendrait donc en aide, en lui prêtant cette somme, et en s'engageant à ne pas exiger le service des intérêts pendant une période de vingt années. Moyennant ce sacrifice, — qui serait exactement de 1,383,333,333 fr., puisque la somme des intérêts de vingt années est égale au capital, — l'Amérique serait mise en demeure de faire honneur à la troisième échéance. Pour cette dernière, elle pourrait recourir à un emprunt avec amortissement.

Les Gouvernements européens auraient trois ans pour se procurer les 1,383,333,333 fr. de la seconde échéance. En supposant qu'ils se décidassent à demander cet argent aux contribuables, ceux-ci auraient à payer chaque année 461,111,111, en sus des taxes établies. La somme se répartirait ainsi qu'il suit : Angleterre, huit parts sur quinze ; France, quatre parts sur quinze ; les autres états ensemble, les six derniers quinzièmes.

Je n'ai pas l'espérance que la perspective de créances exigibles au bout de vingt ans, décide les contribuables européens à voir de bon œil l'augmentation de leurs budgets. Il serait donc à souhaiter que l'on trouvât le moyen d'inscrire ces annuités aux chapitres des dépenses sans grossir d'autant ceux des recettes. Ici je vais glisser dans l'utopie, car il n'est pas probable que les Gouvernements consentent de longtemps à faire des économies sur leurs dépenses militaires; cependant j'en fais la motion à tout hasard. On objectera peut-être qu'il serait plus équitable de contracter des emprunts, afin de répartir sur vingt exercices la totalité du sacrifice demandé aux contribuables. Je reconnais que ce mode offrirait l'avantage de ne pas grossir sensiblement les budgets, mais je ferai observer qu'il présenterait l'inconvénient très-grave de rendre les Gouvernements débiteurs, envers les souscripteurs de l'emprunt, des sommes que l'Amérique aurait à rembourser. Les contribuables paieraient en vingt ans, sous forme d'intérêts, ce qu'ils paieraient en trois sous forme d'emprunt; et ils seraient privés de l'avantage que pourraient leur procurer les Gouvernements en amortissant 68 millions de rente avec les fonds remboursés par l'Amérique.

En somme, la combinaison que je propose imposerait aux Etats de l'Europe l'obligation de faire une opération d'amortissement considérable.

Il suffit de jeter les yeux sur une carte des Etats-Unis pour apercevoir que chacun des groupes d'Etats que j'ai formés en vue d'une émancipation triennale, existe par lui-même. Le premier comprend les Etats qui, par leur position géographique, leurs climats, leurs cultures et l'état de leur industrie, sont les mieux disposés pour l'émancipation. Il est naturel que l'on commence par eux. Ce premier groupe est généralement connu sous le nom d'Etats-frontières, *Border-States*. Le troisième est composé des trois Etats à coton qui sont en ce moment le foyer de la révolte. L'intérêt commun veut que ce groupe soit soumis le dernier à l'opération de l'affranchissement. L'individualité du second groupe n'est pas aussi fortement accusée que celle des deux autres; néanmoins, en mettant de côté la Floride, qui est un Etat insignifiant, il est visible que le Tennessee, l'Arkansas, la Louisane, le Mississipi et le Texas, sont reliés entre eux par le grand fleuve dont ils sont riverains et dont ils commandent les embouchures. Ce groupe est celui du Mississipi.

Le classement que je propose a donc une raison d'être; mais n'est-il pas chimérique en ce sens qu'une fois la liberté proclamée dans les Etats-frontières, les Nègres de Géorgie et de Louisiane n'attendront pas que leur tour d'affranchissement vienne? C'est une objection très-grave; mais à quelque mode d'émancipation que l'on s'arrête, on doit s'attendre à rencontrer des difficultés en apparence insurmontables. C'est que rendre à la liberté quatre millions d'hommes n'est pas une entreprise ordinaire. — On me demandera peut-être pourquoi je n'ai pas donné la préférence au mode d'émancipation progressif, qui a été suivi dans les Etats du Nord. Je répondrai avec Tocqueville : « Lorsqu'on déclare qu'à partir d'une certaine époque » le fils du Nègre sera libre, on introduit le principe et » l'idée de la liberté dans le sein même de la servitude : » les Noirs, que le Législateur garde dans l'esclavage et » qui voient leurs fils en sortir, s'étonnent de ce partage » inégal que fait entr'eux la destinée ; ils s'inquiètent et » s'irritent. Dès lors, l'esclavage a perdu à leurs yeux » l'espèce de puissance morale que lui donnaient le

» temps et la coutume. Il en est réduit à n'être plus qu'un » abus visible de la force. Le Nord n'avait rien à craindre de ce contraste, parce qu'au Nord les Noirs étaient » en petit nombre et les Blancs très-nombreux. Mais si » cette aurore de liberté venait à éclairer en même » temps quatre millions d'hommes, les oppresseurs » devraient trembler. » L'affranchissement régional aura bien pour effet de projeter dès le début une lueur de liberté sur tout le Sud, mais ce rayon ne tombera pas sur des groupes d'esclaves et d'affranchis. L'inégalité du partage ne sera donc pas rendue sensible par le contact et la vue de la liberté. Il n'y aura de danger que sur l'extrême frontière; là, en effet, les Nègres esclaves verront à côté d'eux des Nègres libres. Il ne faut pas se dissimuler que cette vue les disposera à regimber contre l'exercice du pouvoir dominical et que celui-ci ne sera bientôt plus pour eux, suivant l'expression de Tocqueville, qu'un abus visible de la force; mais je crois que les Américains réussiront à conjurer le danger, s'ils substituent, dans les comtés-frontières, l'autorité de la Loi à celle du maître. Je me fonde, pour ouvrir cet avis, sur l'expérience qui a été faite à la Guyane lors de la première émancipation. Les affranchis ne voulant plus travailler d'une manière régulière, on nomma des Commissaires qui eurent pour mission de parcourir les habitations, armés d'un fouet enguirlandé de rubans tricolores. Lorsqu'un Nègre était convaincu d'avoir refusé le travail ou d'avoir outragé son *engagiste*, le Commissaire lui disait, en levant sur lui son fouet aux couleurs nationales : « Homme libre, incline-toi sous le fouet de la » Loi, que tu as violée. » Le Nègre, bien qu'il fût libre, acceptait ce châtiment servile; et les vieux créoles assurent que jamais le travail ne fut aussi régulier que sous ce régime de la liberté républicaine. Je reconnais que cet ordre de choses était essentiellement transitoire, et qu'il fallait ou qu'on supprimât le fouet, ou que l'on rétrogradât jusqu'à la servitude; mais cela importe peu, puisqu'il ne s'agit pour l'Amérique que d'une période de six ans.

X.

Une irrésistible curiosité des choses coloniales m'ayant conduit à quitter la France pour aller exercer des fonctions judiciaires à la Guyane, j'ai été à même d'étudier de très-près ce qu'on appelle là-bas l'organisation du travail. Je puis dire que j'ai eu en main le dossier de la cause et que je ne m'y suis pas épargné : il en reste trace au Greffe de la Cour de Cayenne. Eh bien, aujourd'hui que la réflexion a succédé à l'action, je déclare, en mon âme et conscience, que le plan adopté dans nos Colonies est vicieux en tous points, et que depuis 1848 les Gouverneurs ont fait fausse route. Je m'empresse d'ajouter que la faute n'en est pas à eux, mais bien à l'ignorance profonde dans laquelle vivent la plupart des Colons pour les choses de l'histoire et de l'économie sociale. Quelque bonne volonté qu'un Gouverneur apporte d'Europe, la routine coloniale reprend bientôt le dessus.

Comme il importe de savoir, avant que d'émanciper en Amérique, sur quelle base le travail des affranchis devra être organisé, je vais indiquer brièvement de quelle manière on a procédé dans nos Colonies. Le lecteur verra tout d'abord que l'exemple n'est pas à suivre; et qu'il faut que les Américains s'ingénient à trouver mieux.

Il suffit, pour apprécier l'ensemble du système, d'énoncer ce fait : que la culture ne s'est relevée et ne se soutient que par l'immigration. Il est clair, en effet, que si l'on avait réussi à faire travailler les affranchis, on ne se fût pas avisé de faire venir à grands frais des travailleurs guinéens, hindous ou madécasses. L'organisation du travail a donc été mauvaise. — En Europe, cette proposition sera universellement admise; aux Colonies, elle sonne faux. L'organisation était excellente, disent les routiniers, mais on ne peut rien faire des Nègres créoles. Ce raisonnement est assez semblable à celui que font certains politiques auxquels l'événement a donné tort : leur mode de gouvernement était parfait, mais les gouvernés ne valaient pas le diable. Je comprends, jusqu'à un certain point, qu'un Gouvernement puisse valoir mieux que les gouvernés, mais, en matière d'organisation de travail, je ne puis me faire à l'idée qu'un système soit bon, lorsque je vois qu'il a pour résultat l'abandon de la culture. J'entends bien que l'œuvre du Législateur a échoué par le fait des Nègres, mais ceux-ci peuvent avoir eu de très-bonnes raisons pour ne pas se prêter à ses vues. Il se peut, par exemple, que le travail ait été organisé à l'avantage exclusif des Blancs, et dans un esprit contraire au développement de la liberté des affranchis. Dans ce cas, les organisateurs auraient à s'imputer leur échec, et les Nègres ne seraient coupables que d'avoir refusé de se laisser exploiter. Or je suis tenté de croire que cette hypothèse n'est pas gratuite, quand je relis dans la feuille officielle de la Guyane française, un arrêté du 5 mai 1859, dont l'art. 3 est ainsi conçu : Art. 3... « Les salaires des travailleurs, autres que les » immigrants, qui ont contracté des engagements avec » l'Administration, sont réglés comme suit :

» 1re classe, 70 centimes par journée de travail.

» 2e classe, 60 centimes *id.* *id.*

» 3e classe, 50 centimes *id.* *id.*

» Les individus qui feront partie des ateliers seront » classés suivant leur capacité, par les soins du Directeur de l'Intérieur. Le présent arrêté, etc. Cayenne, » 5 mai 1859 : Signé, etc. »

Le total des journées de travail étant de 26 par mois, il résulte de ce *règlement* dictatorial, que le travailleur de la première classe coûte par an à l'Administration 218 fr. 40 c.; celui de la seconde, 177 fr. 20 c.; celui de la troisième, 156 fr. — Moyenne, 183 fr. 86 c.

Il faut convenir que si les affranchis avaient unanimement consenti des engagements semblables, les propriétaires n'auraient eu qu'à se louer du nouveau régime. En effet, au salaire annuel de 183 fr. 86 c., le travail d'un homme libre est meilleur marché que celui d'un esclave. Je sais bien que l'entretien de ce dernier ne revenait pas à plus de 8 fr. par mois; mais, comme il avait coûté au moins 1,600 fr. et qu'aux Colonies le taux minimum de l'intérêt est de 8 0/0, sa dépense annuelle était d'au moins 224 fr. Différence au préjudice du propriétaire, 40 fr. 14 c. Objectera-t-on qu'outre son salaire, l'engagé reçoit la jouissance d'un terrain, duquel il tire profit sans redevance? mais le maître faisait déjà le même avantage à son esclave. Je conclus, de ces chiffres, que les Nègres avaient parfaitement calculé lorsqu'après avoir tâté de cette organisation, ils ont manifesté l'intention de s'y soustraire. Que leur offrait-on d'autre, en effet, que de se replacer volontairement dans la condition économique de laquelle on les avait affranchis?

Quand les Colons virent que la rétribution qu'ils offraient aux Nègres ne les tentait pas, ils demandèrent que la loi les obligeât à accepter leurs offres. On fit aussitôt des règlements, dont le principal était que celui qui ne pouvait justifier de moyens assurés de subsistance, autres que la pêche, la chasse et la cueillette des fruits, devait contracter sur-le-champ un engagement de travail. Faute de le faire, il s'exposait à être considéré et traité comme vagabond. Munis de cette loi, les Colons entamèrent la lutte. Ils eurent sans peine l'avantage devant les tribunaux; mais la violence légale, exercée ainsi sur les affranchis, n'était pas de nature à les réconcilier avec le régime des grandes habitations; aussi les vit-on se résigner aux suites judiciaires du vagabondage, lorsqu'ils ne pouvaient garantir leur liberté par l'achat d'une parcelle de terrain. Décidément, les Nègres avaient pris l'affranchissement au sérieux; ils voulaient être libres, et, d'après la manière dont on agissait à leur égard, il n'y avait pas pour eux de liberté effective sans propriété. Les Colons virent dans cette prétention, une nouvelle preuve de l'incurable perversité des *descendants de Cham.* Ils demandèrent, en conséquence, que l'Autorité intervînt pour fermer aux rebelles les avenues de la petite propriété! L'Autorité hésita, car la demande des Colons allait à l'encontre des principes les plus élémentaires du droit national. Leur donner satisfaction, revenait d'ailleurs à se mettre en travers d'une tendance qui pouvait être irrésistible. Pourquoi, disaient les hommes de sens, ne pas faire la part des Colons, en leur donnant toutes facilités de se procurer des immigrants, — et celle des affranchis, en les laissant créer, à leur profit, la petite propriété? — S'ils réussissent, il se formera une classe moyenne, laquelle pourra à la longue devenir une bourgeoisie. De la sorte, la société coloniale s'équilibrera et deviendra régulière. En haut, les planteurs et les négociants de race blanche; au milieu, les petits propriétaires, marchands et artisans de toute couleur; en bas, la plèbe des engagés et des immigrants.

Nul doute que si S. A. I. le Prince Napoléon avait été Ministre des Colonies au moment où la demande des Colons fut transmise à l'Autorité métropolitaine, le gouverneur de la Guyane n'eût pas été autorisé à prendre l'arrêté du 3 octobre 1856, qui avait pour objet avoué de rendre la propriété inaccessible à la plupart des affranchis.

Les Nègres ne se tinrent pas pour battus. Il est vrai que le morcellement du sol se ralentit, mais il ne discontinua pas. Plus la loi sur le vagabondage était appliquée avec rigueur, plus la petite propriété prenait faveur. « Nous ne serons libres que du jour où nous serons propriétaires au même titre que les Blancs : » telle était la pensée fixe à laquelle s'attachait cette race, dont l'instinct avait rouvert le sillon creusé aux 13e et 14e siècles par les paysans de la Métropole. Cette obstination eut pour effet d'éclairer enfin le Gouvernement sur la portée de l'acte auquel il ne s'était prêté qu'avec une méfiance judicieuse. L'arrêté fut rapporté dans son entier. Ainsi finit la lutte, à l'honneur des Nègres et à la confusion des routiniers.

Quelles seront les conséquences de cette victoire? Se formera-t-il une classe moyenne, et la fusion entre les races se fera-t-elle dans ce milieu? M. de Tocqueville a dit, à propos de la fusion des deux races, que ceux qui espèrent voir les Blancs se confondre avec les Nègres, caressent une chimère : « Ma raison, ajoute-t-il, ne me » porte point à le croire, et je ne vois rien dans les » faits qui me l'indique. Jusqu'ici, partout où les » Blancs ont été les plus puissants, ils ont tenu les » Nègres dans l'avilissement ou dans l'esclavage. Par- » tout où les Nègres ont été les plus forts, ils ont dé- » truit les Blancs. C'est le seul compte qui se soit ja- » mais ouvert entre les deux races. »

Ce jugement semble avoir acquis force de chose jugée, et le sentiment général est que l'illustre auteur de la *Démocratie en Amérique* a porté, en le rendant, un coup mortel à l'Abolitionisme. Rien n'est cependant plus contestable. Que dit, en effet, M. de Tocqueville? Affirme-t-il que la fusion ne se fera pas? Nullement. Donne-t-il pour certain que les deux races s'entredétruiront? Pas davantage. « Rien, *dans les faits*, ne m'indique que la fusion doive se faire....; *jusqu'ici* c'est le seul compte qui se soit jamais ouvert entre les deux races. » Telles sont ses propres expressions; et l'on sait qu'il était très-scrupuleux au fond et dans la forme, qu'il disait exactement ce qu'il voulait dire et qu'il ne disait jamais plus. Son jugement, qui ne repose que sur le passé, n'est donc pas définitif. Il ne croit pas à la fusion, parce qu'il n'a *rien vu encore* qui l'autorise à croire qu'elle doive se faire: à la bonne heure; MAIS IL ÉCRIVAIT EN 1833. Depuis cette époque, deux émancipations ont eu lieu, et *les faits indiquent*, maintenant, qu'il peut *s'ouvrir entre les deux races un autre compte* que l'esclavage ou la destruction. Je pourrais citer, à l'appui de cette assertion rassurante, l'exemple des Antilles anglaises, invoqué récemment par M. le comte de Gasparin; mais je ne veux m'appuyer que sur ce que j'ai constaté par moi-même. Je m'en tiendrai donc à mes observations sur la Guyane.

Dès à présent, il est visible qu'il existe dans cette Colonie une sorte de classe intermédiaire, dans le sein de laquelle les Blancs commencent à se confondre avec les hommes de couleur. Déjà un certain nombre de mariages ont été contractés; et loin que les Blancs, qui ont donné l'exemple, affectent de n'être pas entrés dans les familles où ils ont pris femme, on remarque qu'ils acceptent la parenté, même alors qu'elle revêt des teintes peu flatteuses pour leur amour-propre. Il est vrai qu'on n'a pas vu jusqu'ici d'union entre des filles de race blanche et des jeunes gens de sang mêlé; mais le moment approche où cette barrière tombera, par le fait des Blancs d'Europe, qui sont en général peu imbus du préjugé de couleur. N'espérons pas que d'ici à longtemps les vieilles familles créoles laissent entamer leur intégrité aristocratique; cependant si la fortune souriait de préférence aux descendants de ceux qui ont épousé des femmes de couleur, je doute que, l'amour aidant, l'orgueil tînt bon contre la raison. Un signe que le principe de la fusion n'en est plus à être posé, c'est le grand nombre des hommes de couleur qui ont réussi à se faire admettre par les Blancs dans l'Association maçonnique, laquelle, à Cayenne, est fort en honneur. C'est le lieu d'observer que les hommes sont à la Guyane, comme partout du reste, bien moins esclaves du préjugé que ne le sont les femmes. La fusion sera donc consommée, entre les citoyens et dans la vie publique, avant que le cercle des relations dites de société soit ouvert à toutes les personnes bien élevées, sans distinction de peau ni de couleur. Pour rompre cette dernière glace, il faudra qu'un Gouverneur intelligent prenne le parti très-légitime de proclamer l'égalité dans ses salons. Les dames *blanches* résisteront quelque peu; mais les jeunes gens applaudiront sans réserve à l'avénement social de femmes charmantes, qui cachent dans la retraite les qualités les plus aimables.

Le lecteur sera sans doute d'avis que si M. de Tocqueville avait été en position d'observer des faits de ce genre, il eût modifié son jugement sur la fusion des races. Il m'est donc permis de concevoir l'espérance que ses sinistres prévisions ne se réaliseront pas aux Etats-Unis. Cependant si les Américains entraient dans la voie des ordonnances compressives et de l'exploitation masquée, il n'est pas improbable que « le compte se réglerait, » entr'eux et leurs affranchis, par une guerre de destruction. Ces derniers seraient, en effet, forts de leurs instincts et de leur nombre, autant que les propriétaires seraient faibles du mode de gouvernement en vigueur dans l'Union. Comment organiser le travail pour que la transformation de la société servile en société libre s'accomplisse pacifiquement? Je n'hésite pas à penser que les Américains réussiront dans cette entreprise ardue, s'ils ont la sagesse de ne pas vouloir contraindre l'instinct de propriété qui se manifestera infailliblement dans la masse des affranchis. Dès que ceux-ci annonceront qu'ils veulent goûter d'un autre régime que de celui des grandes habitations, — que les propriétaires aillent au-devant de leurs désirs, en leur offrant soit de prendre les habitations à ferme, soit de les acheter par parcelles. Qu'ils stipulent, en cas de vente, que les paiements se feront en denrées d'exportation; et qu'ils se résolvent, le cas échéant, à devenir des commerçants ou des industriels.

Je sais que je conseille là toute une révolution ; mais n'est-elle pas inévitable ? n'est-elle pas le terme logique de l'affranchissement? On peut l'ensanglanter en s'opposant à son cours, de même qu'on peut la mener à bien si on en prend la direction. Quand les Nègres verront qu'on ne cherche pas à les violenter, ils se passionneront moins vivement pour la petite propriété, et alors, s'ils éprouvent quelques mécomptes dans leurs premiers essais, ils reviendront d'eux-mêmes contracter des engagements. Beaucoup tomberont dans le vagabondage et la maraude; soit : il faudra intéresser les travailleurs à la répression légale de ces délits; et même on aura tout avantage à leur en laisser le soin.

XI.

Mes amis de la Guyane me reprocheraient de manquer de bonne foi si je ne disais un mot de la paresse des Nègres. C'est, comme on le sait, une opinion reçue, indiscutable aux Colonies, qu'abandonné à lui-même, le Noir ne se résout à travailler que pour satisfaire aux besoins les plus impérieux de l'existence. On prétend même que ce labeur lui est insupportable, au point que, sans la crainte des lois de police, il se laisserait aller à ne vivre que de pêche, de chasse et de rapines nocturnes; aussi quand il échappe à un Européen de dire qu'il n'entend pas travailler *comme un Nègre*, les Créoles ne peuvent s'empêcher de sourire. « Voilà bien, disent-» ils, ce que c'est que de ne connaître que les Nègres » des utopistes. Allez donc visiter les petites habitations » de Roura; vous verrez l'usage que ces prétendus pro-» priétaires font de leur indépendance! comment ils » emploient leur temps, et quel concours ils donnent à » l'œuvre coloniale ! Si vous craignez la fatigue du » voyage, adressez-vous aux magistrats du Parquet ou » au greffier de la Cour. Ces Messieurs vous feront voir » des liasses de procès-verbaux, desquels il résulte que » le Nègre ne recherche dans la possession du sol que le » privilège de n'être plus astreint aux obligations du » livret. » Les Colons sont autorisés *par les apparences* à tenir ce langage; et pourtant, j'ose affirmer que les reproches qu'ils adressent aux petits propriétaires sont de la dernière injustice, et que la race africaine est calomniée.

Que l'ESCLAVE ait peu de goût pour le travail, et même qu'il soit la paresse incarnée, c'est ce que prouve surabondamment l'emploi du nerf de bœuf, qui a toujours été un instrument indispensable à l'exercice du pouvoir dominical. Je passe volontiers condamnation. Je conviens également que la plupart des petites habitations sont dans un état pitoyable. Mais je me demande si les Nègres ne sont pas excusables, ou tout au moins si on ne doit pas leur accorder le bénéfice des circonstances atténuantes. Le lecteur va en décider.

Pour se rendre compte de la situation dans laquelle se place le Nègre lorsqu'il achète quelques hectares de terre, il faut se rappeler qu'aucune indemnité n'a été donnée aux descendants des misérables qui, de par la Traite, ont créé la richesse coloniale. Les Colons furent indemnisés, en grande partie parce qu'il importait à la Métropole qu'ils fussent mis en état de salarier des engagés : les Nègres ne reçurent rien, précisément parce qu'il importait qu'ils eussent besoin de recevoir des salaires. Je ne veux pas dire que la question ait été posée en ces termes, mais si une telle discussion se fût ouverte, les Colons auraient fait valoir que ce serait leur enlever tout espoir de recruter des travailleurs, que d'indemniser les affranchis. On dit en France : « Tout » par le peuple et pour le peuple. » On pense aux Colonies : « Tout par les Noirs, mais pour les Blancs. » Quoi qu'il en soit, les Nègres ne reçurent en 1848 *que la liberté*. J'ai dit comment on leur avait offert de travailler pour le compte de leurs anciens maîtres, à raison de 183 fr. 86 c. par an ; que cette rémunération leur avait paru peu proportionnelle et tout à fait insuffisante ; qu'ils avaient entrepris de se soustraire à l'obligation de s'en contenter, et que le grand nombre y avait réussi au moyen de la petite propriété. Voilà donc le Nègre propriétaire ; mais ses épargnes il les a mises là. Après qu'il a signé son contrat d'acquisition, il ne lui reste pas un sou vaillant. Que va-t-il faire ? Se mettre au travail, avec sa femme et ses enfants? Abattre les arbres, chapuser, déchicoter, planter? Mais il faut qu'il vive, lui et les siens. Il faut aussi qu'il songe à s'amasser un pécule, afin de pouvoir par la suite engager quelques travailleurs. Que fait le propriétaire blanc, quand il ne peut, faute de ressources, se procurer sur-le-champ des engagés sérieux ? Se met-il au travail avec sa femme et ses enfants ? pas une fois sur cent. Le Nègre essaye au moins, il commence : le Blanc n'y songe même pas. S'il ne peut obtenir un emploi du Gouvernement, il vend sa terre morceau par morceau ; ou bien il engage frauduleusement une trentaine de vagabonds prudents, lesquels stipulent que, moyennant une ou deux journées de travail gratuit, le propriétaire les autorisera à employer le reste de la semaine à courir les bois.

Quelquefois le Noir affranchi s'adjoint des travailleurs de cette sorte ; plus souvent il cherche à faire par semaine quelques journées de travail rétribué. Dans ce cas, il s'adresse aux propriétaires QUI PAIENT (ce n'est pas la majorité), mais *la loi défend à ceux-ci de l'employer s'il ne contracte pas un engagement régulier !* Or, lui, il ne veut contracter d'engagement officiel à aucun prix : c'est pour avoir le droit de ne pas le faire qu'il a acheté une parcelle de terrain. Force lui est donc d'y revenir, et de reprendre l'ouvrage, sauf à vivre de crabes, de poissons d'étang, de fagots de bois, et, s'il parvient à tromper la gendarmerie, de quelques journées faites de côté et d'autre. Il végète ainsi, attendant le jour où il pourra enfin vivre des produits de son habitation. Pauvre Nègre ! l'aurore de ce jour ne luira jamais pour lui; car il n'est ni assez ingénieux ni assez patient pour sortir vainqueur de cette lutte, qu'il engage, sans armes, contre la misère.

Comment réussirait-il, ainsi dépourvu..., lorsque le Blanc lui-même échoue! Reprends le chemin de la servitude, lui crie le commissaire-commandant. Jamais! répond le pauvre diable, qui s'est épris de la liberté, son unique bien. A quelques jours de là, un gendarme vient toiser son champ et dresse procès-verbal. Vagabondage; emprisonnement! Le voilà à la geôle, obligé de casser des pierres ou d'aller sabrer les herbes dans la rue, lui, habitant propriétaire. — Pauvre Nègre! Quand il sera rendu à la liberté après avoir épuisé toutes les rigueurs de la contrainte par corps, il ne retrouvera plus son champ, qui est devenu un taillis impénétrable. Où est sa femme? où sont ses enfants? où est son rêve? Encore une fois, et du fond du cœur, « pauvre Nègre! »

Voilà l'histoire de la grande majorité des petits propriétaires ; voici maintenant celle du petit nombre de ceux qui ont réussi à créer des habitations capables d'assurer leur existence.

Quelle sera leur culture? vivrière ou industrielle? S'ils s'adonnent de préférence à la culture des vivres (manioc, maïs, patates, ignames, etc.), les frais de transport absorberont le plus clair de leurs bénéfices ; car le seul marché de la Guyane est celui de Cayenne et d'Oyapock au Maroni ; il n'y a pas vingt kilomètres de route praticable, autrement qu'à pied. Comment fera le cultivateur de Tonnegrande, de Roura ou de Montsinéry? Il prendra un canot, et, armé d'une pagaye, descendra la rivière au gré des marées. S'il vend à Cayenne pour une trentaine de francs, son bénéfice est diminué de 4 ou 5 journées de travail, qu'il perd à l'allée, au séjour et au retour; mais enfin, il a pu acheter quelques chemises et se donner le luxe d'un morceau de viande salée. Heureux Nègre! S'il eût habité Mana ou Oyapock, il n'aurait seulement pas pu vendre sa denrée lui-même. Il eût fallu qu'il la fît passer dans des mains tierces, ou qu'il payât un fret de 15 à 32 jours de mer.

Les habitations vivrières sont, au dire des Colons, l'un des pires fléaux de l'émancipation; aussi l'Administration a-t-elle fait, sur leur demande, à peu près tout ce qu'il fallait pour désespérer leurs propriétaires. Les Nègres ont tenu bon, tant la liberté leur est chère! Pourquoi donc ces entêtés ne veulent-ils pas cultiver des plantes industrielles, objectera le lecteur qui n'a pas vu la Guyane? C'est par la très-péremptoire raison qu'il n'y a encore eu dans cette Colonie qu'un seul homme qui ait établi une petite usine, dans laquelle on fasse subir aux produits la préparation qui les rend marchands et exportables. Les déboires ne lui ont pas manqué, à ce pauvre M. Flotte; mais lui aussi, il a tenu bon. Il lui est revenu qu'on l'accusait d'avoir fait plus qu'aucun pour la ruine de son pays; il a haussé les épaules, se souciant aussi peu des calomnies que des encouragements officiels. Honneur à cet homme de cœur, qui ose braver la Routine... dans un pays où elle est souveraine.

S'il n'eût pas été seul à tracer la vraie route, et que, dans tous les quartiers de la Colonie, des usines centrales se fussent élevées pour provoquer les Nègres à la culture de la canne, ceux-ci n'auraient pas tardé à faire de la petite propriété le fournisseur principal de l'exportation. Garantis par leurs titres contre les atteintes de la loi, et assurés de tirer profit de leur travail, ils se fussent mis à l'œuvre « le cœur gai, » comme ils disent dans leur parler naïf. Il ne leur faut, pour le faire dès demain, que liberté et modeste profit. Voilà tout le secret de leur prétendue paresse.

Liberté et profit! Les Colons français n'ayant songé à leur donner ni l'un ni l'autre, les Noirs émancipés ont tenté de conquérir par eux-mêmes ces deux biens. Ils ont échoué, pour la plupart; mais, quoi qu'on fasse et quelques nouvelles rigueurs que l'on déploie contre eux, il leur reste, au cœur, l'amour passionné de la liberté et l'horreur du travail... *gratuit*. Qu'est-ce à dire, sinon que le sentiment de la justice sociale a illuminé leurs consciences, — et qu'il n'est plus désormais au pouvoir des Colons de continuer, sous les dehors d'un régime libre, le règne d'une servitude réelle.

Je répète ici que les Américains devront, s'ils veulent que l'émancipation ne leur soit pas désastreuse, donner d'eux-mêmes à leurs affranchis ce que ceux-ci réclameront comme la garantie de leur affranchissement. Qu'ils aient confiance dans la liberté, et peu à peu la nouvelle Société se constituera sur la base du droit.

Sans doute, la transformation ne se fera pas en un jour et sans accidents; mais le voisinage de leurs concitoyens du Nord offrira aux Américains du Sud des ressources qui ont manqué aux Colons français. C'est d'abord l'esprit chrétien, qui, sur cette terre puritaine, s'est conservé intact. Le Nègre prêtera l'oreille aux ministres, et ceux-ci parviendront à tempérer l'effervescence du sang africain par l'action toute puissante de l'Evangile. C'est ensuite la présence dans les Etats du Sud d'une multitude de *petits Blancs*, qui n'ont dans les veines ni du sang de *maître* ni l'orgueil de caste. Ce sera enfin l'immigration des Européens, qui, ainsi que j'ai eu occasion de le dire, sont exempts de tout préjugé, et disposés à s'unir avec les jeunes filles de couleur, dont l'irrésistible beauté les attire si vivement.

Reste la question des droits politiques et de la participation des Nègres au gouvernement. Mais si l'on eût dit, en 1833, aux Anglais de la Jamaïque, qu'un jour viendrait où les fils de leurs esclaves prendraient place à côté des leurs sur les bancs de la Législature, ils auraient, sans doute, répondu avec Jefferson que « jamais les deux » races ne pourraient, également libres, vivre sous le » même gouvernement, — la nature, l'habitude et l'opi» nion ayant établi entre elles des barrières insurmon» tables. » Et cependant, ces barrières sont tombées : Nègres et Anglais vivent aujourd'hui également libres, sous le même gouvernement. L'arrêt rendu par Jefferson n'est donc pas irréformable. Les hommes même les plus graves, et en apparence les plus sages, ne font jamais une assez grande part à l'esprit de progrès et de liberté.

XII.

Mais les Américains du Sud accepteront-ils la proposition que je conseille à l'Europe de leur adresser?

Oui, si l'Europe leur fait savoir qu'en cas de refus

elle adoptera celle qui lui a été faite par la Chambre de Commerce de Manchester.

Quoi qu'il advienne, j'ai le sentiment d'avoir rempli un devoir, en cherchant à résoudre, par l'équité et par la paix, une question qui pèse en ce moment d'un si grand poids sur les consciences et sur les intérêts.

Nancy, imp. de Vagner.

www.ingramcontent.com/pod-product-compliance
Lightning Source LLC
LaVergne TN
LVHW020446230826
846091LV00004B/1567

* 9 7 8 2 0 1 3 6 2 3 0 3 2 *